ON LÂCHE RIEN !

W0473661

Couverture : Le Petit Atelier
Photo de couverture : Olivier Dion
Conception graphique et mise en page : Sébastienne Ocampo
Illustration : © Marza, AdobeStock

ISBN : 978-2-311-62680-3

La loi du 11 mars 1957 n'autorisant aux termes des alinéas 2 et 3 de l'article 41, d'une part, que les « copies ou reproductions strictement réservées à l'usage privé du copiste et non destinées à une utilisation collective » et, d'autre part, que les analyses et les courtes citations dans un but d'exemple et d'illustration, « toute représentation ou reproduction intégrale, ou partielle, faite sans le consentement de l'auteur ou de ses ayants droit ou ayants cause, est illicite » (alinéa 1er de l'article 40). Cette représentation ou reproduction, par quelque procédé que ce soit, constituerait donc une contrefaçon sanctionnée par les articles 425 et suivants du Code pénal. Le « photocopillage », c'est l'usage abusif et collectif de la photocopie sans autorisation des auteurs et des éditeurs. Largement répandu dans les établissements d'enseignement, le « photocopillage » menace l'avenir du livre, car il met en danger son équilibre économique. Il prive les auteurs d'une juste rémunération. En dehors de l'usage privé du copiste, toute reproduction totale ou partielle de cet ouvrage est interdite. Des photocopies payantes peuvent être réalisées avec l'accord de l'éditeur.
S'adresser au Centre français d'exploitation du droit de copie :
20, rue des Grands-Augustins, F-75006 Paris.
Tél. : 01 44 07 47 70

© Vuibert, avril 2023
5, allée de la 2e DB, 75015 Paris
Site Internet : www.vuibert.fr

FATIHA TAHRI et RAIBED TAHRI
Fondateurs et P.-D.G. de Pap et Pille

ON LÂCHE RIEN !

LA MÉTHODE pap et pille POUR CRÉER LE BUSINESS DONT VOUS RÊVEZ

Vuibert

Sommaire

BONUS

L'aventure Pap et Pille nous a fait vivre des moments incroyables, à tel point que des journalistes ont parfois douté de l'authenticité de certaines anecdotes. C'est pourquoi nous avons eu l'idée de documenter notre parcours en vidéo et de tout poster sur nos réseaux !

Grâce aux QR Codes disséminés tout au long du livre, vous pourrez revivre les moments les plus fous que nous avons vécus avec Pap et Pille !

Tout commence par un coup de cœur...

Si on m'avait demandé il y a quelques années : « Ça te dirait de devenir chef d'entreprise ? », j'aurais répondu : « Oh, c'est une ambition que j'ai bien sûr, mais pour l'instant j'ai choisi d'être infirmière, c'est aussi un beau métier, non ? » C'était sans compter une rencontre déterminante, qui allait rendre cette ambition soudain possible, beaucoup plus tôt que je ne l'aurais imaginé !

Tout a commencé en octobre 2014, alors que j'étais étudiante en dernière année d'école d'infirmière, à Lomme, dans le nord de la France. L'un de mes formateurs avait choisi ce jour-là d'inviter un intervenant extérieur, qui était infirmier en milieu carcéral à Lausanne. Quand il est entré dans la salle, j'avoue que je l'ai tout suite trouvé « classe » ; mais dès qu'il s'est mis à parler, là je l'ai trouvé carrément brillant ! Et surtout, il avait une présence remarquable… C'était Raibed, vous l'avez compris !

Apparemment je lui avais moi aussi tapé dans l'œil, car dès la pause, il est venu me faire une déclaration – plutôt très maladroite ! On a passé ensuite une journée ensemble, il m'a ouvert le livre de sa vie et j'ai fait de même. C'était un moment hors du temps, tout semblait nous rapprocher, exactement comme dans les contes de fées ! D'ailleurs, Raibed a directement endossé le rôle du prince charmant. Avant de repartir pour Lausanne, il m'a invitée dans un restaurant de Lille, chez Clément Marot. Il était allé voir le chef en cachette, et lui avait demandé de m'offrir des fleurs après l'entrée. Mais ce n'était pas tout : à la fin du repas, on m'a apporté un dessert sous cloche. Dedans, il y avait un écrin contenant une bague. Raibed m'a fait une demande en mariage… et, le croirez-vous ? J'ai dit oui !

Si je me permets de vous raconter cette scène très personnelle, c'est parce que les fondements de notre aventure entrepreneuriale sont déjà tous là : l'audace de Raibed, sa manière de savoir précisément ce qu'il veut et de faire habilement en sorte de l'obtenir, et ma propre capacité à répondre positivement aux événements inattendus qui se présentent, si mon instinct me dit que je dois foncer ! Le petit détail en plus, c'est que Raibed a filmé cette demande en mariage. Vous verrez en lisant la suite que c'est une technique qu'il a désormais parfaitement rodée !

https://lienmini.fr/papetpille00

Je vais lui laisser la parole dans ce livre, parce que le communicant de notre duo, c'est lui – même si j'ai aussi appris à oser m'exprimer grâce à notre engagement entrepreneurial. Mais je reste bien sûr présente entre les lignes, et je crois que je me permettrai même quelques apparitions ici ou là !

Raibed va vous raconter le chemin joyeux (et semé d'embûches) qui nous a conduits à la création de nos billes de biscuits, en insistant sur les différents événements de notre histoire entrepreneuriale, car nous pensons qu'elle est pleine d'enseignements et de conseils qui peuvent être motivants et inspirants pour vous. Si nous avons souhaité écrire ce livre, c'est avant tout pour témoigner du fait que chacun peut devenir entrepreneur et développer un projet qui lui tient à cœur : il faut parfois juste se sentir soutenu pour avoir le courage de persévérer. Et nous sommes là pour vous donner ce courage-là !

Fatiha

1

Un tour du monde gourmand

Puisque Fatiha me passe le relais, je vous embarque aussitôt avec nous, destination Punta Cana, en République dominicaine. On est en décembre 2014, soit deux mois après notre rencontre… et on vient de choisir cette destination de voyage. Le séjour *all inclusive* nous a semblé alléchant, on s'imagine rester peinards sur la plage à siroter des cocktails pendant deux semaines.

Mais une fois sur place, on se rend vite compte que ce n'est pas franchement pour nous ! Il ne nous faut pas plus de trois jours pour décider de fuir ce complexe hôtelier impersonnel et improviser un voyage complètement différent, plutôt genre *Pékin Express*, en louant une voiture pour partir à la découverte de l'île. On adore tous les deux cette émission, et je suis personnellement un grand fan de Fred Chesneau, le reporter-cuisinier qui a créé *Les Paris du globe-cooker*. En plus d'être infirmier j'ai une formation de cuisinier, Fatiha est également très bonne pâtissière, nous nous retrouvons dans cette passion, et c'est donc naturellement qu'elle va donner son thème à notre excursion. Nous partons en mode « baroudeurs », avec l'idée de rencontrer des amoureux du goût en leur demandant s'ils veulent bien nous transmettre leurs meilleures recettes. Quand on ne maîtrise pas la langue d'un pays et qu'on est, à juste titre, considérés comme des touristes, rien de tel que la cuisine pour entrer en contact simplement avec les habitants et se comprendre sans parler ! En cuisine, tout devient immédiatement convivial. Nous ne le savons pas encore à ce moment-là, mais nous sommes en train de vivre la première étape de ce qui deviendra notre tour du monde de la gourmandise.

Notre première rencontre est celle de Leandro, un Dominicain toujours prêt à faire goûter sa Mamajuana, une boisson locale à base de gingembre. Il nous invite dans sa maison de famille, sur Isla Saona, où on nous accueille comme des princes : en guise de boisson, une noix de coco ramassée directement sous l'arbre, percée d'un trou où glisser une paille en bambou ; et sur la table, dans une petite assiette, des pâtisseries enrobées de noix de coco râpée, préparées par señora Maria d'après une recette transmise dans la famille depuis trois générations. Ce ne sont pas des biscuits typiques de République dominicaine, mais ils sont tellement délicieux, fondants et moelleux à la fois, que Fatiha demande si elle pourrait apprendre à les faire. Ni une ni deux, la voilà dans la cuisine en train de prendre un cours privé de pâtisserie. Nous sommes repartis de chez Leandro avec le sourire, et cette fabuleuse recette en poche.

Cette manière de voyager nous a tellement plu qu'on a fait en sorte de repartir le plus souvent possible. Nous travaillions alors tous les deux en Suisse en tant qu'infirmiers, il nous était possible de rentrer quelques mois pour gagner de l'argent et repartir ensuite. En plus, c'est un métier que l'on peut exercer partout dans le monde, alors pourquoi ne pas en profiter ?

Au Maroc, c'est au détour d'une ruelle du souk de Marrakech que nous nous sommes arrêtés dans une petite boutique d'objets artisanaux tenue par Driss. Fatiha a eu un coup de cœur pour un miroir en fer forgé, et pour conclure ce bel achat, Driss nous a offert un thé à la menthe accompagné d'un assortiment de pâtisseries orientales cuisinées par sa grand-mère. Parmi eux, se trouvait la fameuse corne de gazelle. On en avait déjà mangé bien sûr, mais celle-ci, c'était la meilleure corne de gazelle qu'on ait jamais goûtée ! Est-ce que la grand-mère de Driss accepterait de nous livrer son secret ? Un appel téléphonique plus tard, elle était d'accord pour nous accueillir chez elle. Grand-mère Kheira n'avait pas l'habitude de voir un homme pâtisser, mais elle a tout de suite constaté que je n'étais pas un débutant, ça lui a plu et elle a joué le jeu pour me transmettre sa recette. À la fin, nous étions tous les deux très fiers de ce partage, merci grand-mère Kheira !

Pendant plus de trois ans, nous avons vécu comme ça, en explorant tous azimuts des pays comme le Portugal, le Sénégal, la Tunisie, la Roumanie, la Grèce, la Turquie, la Chine, l'Inde, le Canada, le Mexique, le Pakistan, le Vietnam… et tant d'autres. Chaque fois, nous avons combiné nos compétences en tant qu'infirmiers et notre désir d'échanges autour de la cuisine.

https://lienmini.fr/papetpille1

Quand notre première fille est née, nous avons décidé de nous poser un peu. Nous avons acheté une maison à rénover, géré les travaux nous-mêmes, et nous nous sommes installés confortablement. Puis, comme Fatiha n'est pas du genre à rester à la maison en se tournant les pouces, elle a eu l'idée de créer une page Facebook, qu'elle a appelée « Les gourmandises de SAF ». Elle y proposait les recettes traditionnelles que nous avions récoltées pendant nos voyages. Cela permettait de valoriser tout ce que nous avions vaillamment collecté pendant ces trois années sur les routes. Cette page, qui n'existe plus aujourd'hui, a sur le moment tellement bien marché qu'un couple a contacté Fatiha avec une demande spéciale : préparer des biscuits du monde pour leur mariage.

C'est en travaillant tous les deux sur cette commande, dans notre cuisine, avec notre fille Safia installée sur le plan de travail, que nous nous sommes posé la question de la taille des biscuits. Si on les faisait trop gros, personne n'aurait envie de tout goûter, parce que dans les mariages, il y a toujours déjà trop à manger ! Safia était en train de grignoter des popcorns, et c'est de là que nous est venue l'idée : pourquoi ne pas faire tous les biscuits sous forme de bille ? Une seule bouchée permettrait de goûter chaque parfum, sans risquer l'overdose à la fin…

Nous avons opté pour quatre recettes qui nous plaisaient – un biscuit à la noisette de Turquie, évidemment la corne de gazelle (parce que c'est l'équivalent de la madeleine de Proust !), la coco du Brésil, et le caramel de Bretagne – et nous voilà en train de rouler de petites boules de pâte en utilisant la paume de nos mains. On cuit, on goûte, et franchement c'est bon !

Nos billes de saveur ont complètement séduit les mariés, ils ont adoré le concept et par la suite, le bouche-à-oreille a fait son chemin : pas mal de gens leur ont demandé nos coordonnées et ont commencé à nous passer commande. À ce moment-là, on s'est dit qu'on tenait quelque chose ! L'idée de devenir entrepreneurs, d'être nos propres patrons nous titillait déjà, mais il nous manquait jusqu'ici la bonne idée pour passer le pas…

Ce mariage a été un premier test grandeur nature. Dans les mois qui ont suivi, on a pris le temps de faire évoluer nos biscuits en retravaillant les recettes, la cuisson, etc. On a organisé des dégustations avec des gens qui suivaient la page de Fatiha sur Facebook, on a distribué des biscuits à nos collègues infirmiers en leur demandant de remplir un questionnaire, on a exploité nos familles et notre entourage comme cobayes, mais aussi écouté scrupuleusement les retours et les conseils de notre communauté Instagram. C'est de cette manière empirique, sans dépenser d'argent en « panels de consommateurs », qu'on a calibré nos premières recettes pour les rendre vraiment addictives.

La taille des billes était aussi un vrai sujet, on y a beaucoup réfléchi car il fallait absolument que les biscuits ne soient pas trop gros, qu'on puisse les manger rapidement sans avoir besoin d'énormément mâcher. Nous avions lu une étude américaine qui montrait que le cerveau humain, pour pouvoir apprécier la dégustation d'un produit, fait la moyenne des bouchées nécessaires pour le manger en entier. C'est-à-dire qu'à la première bouchée vous êtes content de ce que vous mangez si vous appréciez le plat, mais plus il y a de bouchées, plus la satiété va réduire la notion de plaisir. Et votre cerveau fera la moyenne de toutes ces bouchées pour déterminer la note que vous donneriez finalement à ce plat. Conclusion : si en une bouchée vous arrivez à faire kiffer les gens, c'est jackpot ! On avait également beaucoup entendu parler, en tant que cuisinier et fan de cuisine, de la « bouchée parfaite ». Cela consiste à goûter ensemble tous les éléments qui composent un plat, pour apprécier la totalité du plat en une seule bouchée.

Avec tous ces aménagements autour du produit, notre petit commerce a commencé à se développer sans trop de difficultés, et fin 2018 il rapportait déjà 1 100 € par mois. On s'est dit qu'on pourrait se lancer dans une fabrication artisanale à petite échelle, créer un salon de thé dans lequel proposer nos créations de façon très locale. Le potentiel de notre produit se révélait à mesure que nous avancions et nous étions définitivement tombés dans la marmite de l'entrepreneuriat : nous avions pris goût aux responsabilités, aux défis, aux expérimentations et aux apprentissages que cela suppose !

Quelques tips de nous à vous !

- Pour trouver la bonne idée d'entreprise, parfois il n'y a même pas besoin de chercher, il suffit d'être connecté à son « ici et maintenant », d'être à l'écoute et de se laisser porter par ce qui nous anime.
- Il n'est pas indispensable que cette idée soit révolutionnaire, mais elle doit en revanche répondre à un besoin, à un marché. Une fois ce point bien identifié, il faut sérieusement étudier la faisabilité et la rentabilité du projet.
- Le business plan est le document sur lequel vous devez absolument plancher en priorité : faire un travail de synthèse de votre idée et poser un business model. Ce document vous suivra pendant toute la vie de votre entreprise. Ne négligez pas cette étape car elle sera l'origine de votre succès ou de

votre échec. Elle permet aussi d'identifier vos concurrents et, le plus important, de vous préparer pour pitcher votre idée. Sachez que pour qu'une personne s'intéresse à votre entreprise, donc à votre business plan, vous devez déjà la convaincre d'y jeter un œil ! Et cela passe par votre pitch de présentation.

2

Comment nous avons vendu notre maison pour créer notre entreprise

Avec l'ambition de développer notre petite affaire, on a commencé à se renseigner auprès de la Chambre de métiers et de l'artisanat (CMA) et la Chambre de commerce et d'industrie (CCI). En septembre 2018, on s'est inscrits tous les deux au stage de préparation à l'installation (SPI) pour la création d'entreprise. Cela coûtait 220 €, on pouvait se permettre de le financer sur fonds propres. On a ainsi appris les bases pour fonder une entreprise, on a déposé notre marque à l'INPI en Europe, et on a enfin compris la différence entre SAS, SASU et EURL…

C'est aussi lors de cette formation qu'on nous a posé pour la première fois une question cruciale : « C'est quoi votre business plan ? » On a un peu ramé Fatiha et moi pour établir ce document essentiel dans la création d'une entreprise. À ce moment-là, on voyait encore « petit », même si on sentait qu'on avait beaucoup d'enthousiasme à mettre dans ce projet. Le moment clé qui a tout fait basculer, c'est notre rencontre avec Christophe Debalme, un expert-comptable qui nous a posé une deuxième question foudroyante. Il a commencé par écouter notre histoire, goûter nos biscuits qu'il a adorés, puis il nous a demandé : « Comment produisez-vous ? » On lui a répondu qu'on faisait tout à la main, en lui montrant le geste de rouler de petites billes entre nos paumes. Alors il nous a séchés sur place en lançant, avec un petit sourire : « Et sinon, vous avez déjà entendu parler de rentabilité ? »

C'est à partir de là qu'on s'est mis à réfléchir différemment. On a compris que notre produit suscitait un vrai engouement chez les gens, et qu'il était possible de voir beaucoup plus grand que ce qu'on imaginait au départ. Christophe Debalme, qui est devenu notre expert-comptable, nous a fait découvrir le monde de l'industrie et nous a expliqué que nous devions soit trouver des sous-traitants, soit créer un outil de production qui permettrait de rendre le projet viable économiquement. Selon lui, notre produit pouvait s'inscrire dans la grande consommation.

On s'est mis à contacter tous les biscuitiers de France et d'Europe pour sous-traiter notre production. Mais personne ne savait fabriquer des billes de biscuit. Les machines n'étaient pas conçues pour le faire. Premier obstacle de taille. Comment le surmonter ? Eh bien… en fabriquant la machine nous-mêmes, tiens.

Après huit mois de R&D, on a réussi à mettre en place le processus de fabrication. Tout cela se passait dans notre salon, qui était devenu un véritable atelier – on y trouvait autant des couches pour bébé que des clés à molette ! On a acheté des machines existantes pour les démonter et les remonter autrement, afin qu'elles soient en mesure de produire des billes. Puis on a élaboré les premiers plans 3D de notre atelier de production en utilisant un logiciel gratuit destiné à la conception de maisons individuelles, KoziKaza. Inutile de vous dire qu'on ne savait absolument pas comment s'y prendre ! En passant mon diplôme de cuisinier j'ai appris les notions essentielles concernant les normes HACCP pour l'hygiène alimentaire, mais ça s'arrêtait là.

On a d'abord voulu visiter des biscuiteries pour observer et poser des questions, rencontrer des biscuitiers autour de chez nous, mais ils n'avaient pas vraiment le temps de s'occuper de nous, ou bien ils étaient frileux à l'idée d'ouvrir leurs portes à de potentiels concurrents. Bref, ce n'était pas la bonne méthode. Alors Fatiha s'est mise à fouiller sur Internet et elle a réussi à récolter pas mal de vidéos sur lesquelles on voyait l'intérieur des usines. On les a étudiées scrupuleusement et on a noté tout ce qui nous semblait essentiel, mais aussi tout ce qui nous interpellait. Ensuite, on a fait des captures d'écran et on a contacté des fournisseurs en leur demandant s'ils avaient le matériel qu'on voyait sur l'image ! Les fournisseurs nous ont alors donné des conseils, ils nous ont décrit ce qu'ils avaient déjà vendu à d'autres entreprises agroalimentaires, et on a pu affiner notre besoin. On également visionné le film de John Lee Hancock, *Le Fondateur*, qui retrace la biographie de Ray Kroc, l'homme qui a développé et franchisé les restaurants McDonald's. La scène où il commence à penser l'organisation des ateliers a été d'une inspiration folle. Nous partions vraiment d'une feuille blanche…

On a investi 45 000 € pour tout cela, mais aussi énormément de temps. Partant de là, on s'est dit que comme tout était à créer, il serait idiot de se cantonner au local : il fallait d'emblée qu'on vise le national. C'est donc insidieusement que la folie des grandeurs a commencé à s'installer en nous !

C'est dans cette phase de R&D et de benchmark qu'on s'est rendu compte qu'on ne pouvait pas faire une toute petite usine, mais qu'il nous fallait de grands ateliers pour anticiper le développement de l'entreprise. On y avait déjà mis toutes nos économies, on n'avait pas le choix : il faudrait faire de grandes choses pour récupérer les sommes investies. De toute façon on ne pouvait plus faire marche arrière, on avait de super produits et des machines innovantes, il fallait qu'on aille voir les banques : on avait besoin de 300 000 € pour lancer l'entreprise.

Mais les banques sont frileuses, et deux infirmiers sans relations ni connaissances, qui veulent créer une marque dans un milieu très concurrentiel, pour eux c'était trop risqué. Michel & Augustin étaient déjà passés par là, ils avaient raflé tout le marché, et des biscuitiers, il y en avait déjà beaucoup. « Vous allez vous faire étouffer par la grande distribution », c'était la conclusion sans appel des banquiers.

Alors, on s'est tournés vers les organismes de la région. Chez Initiative, la personne que nous avons rencontrée n'y croyait pas non plus, elle a répondu qu'elle ne nous accompagnerait pas. Là j'ai franchement failli perdre mon calme. Mais il y avait un autre Initiative dans la ville d'à côté, j'y suis allé et eux ont proposé de nous accompagner, mais seulement si on obtenait un crédit bancaire. Quant à Réseau Entreprendre, ils nous ont expliqué qu'ils nous auraient bien soutenus, mais puisqu'on était déjà allés voir Initiative avant eux, c'était trop tard, salut.

Personne ne croyait en nous, c'était clair. Mais nous, on y croyait. Par le passé, on avait tous les deux dû étouffer nos ambitions. Fatiha est née dans le nord de la France, elle est la cadette d'une famille modeste de dix enfants. La situation financière difficile de ses parents l'a obligée à assumer beaucoup de responsabilités dès son plus jeune âge. Elle voulait devenir médecin mais des études si longues auraient été un poids pour sa famille. C'est pourquoi elle s'est tournée vers le métier d'infirmière qui a été un bon compromis pour elle. Et moi, je suis né avec un handicap physique : un fémur plus court que l'autre et un genou instable, d'où l'impossibilité de marcher normalement. J'ai dû subir vingt et une opérations chirurgicales et j'ai passé pas mal de temps en fauteuil roulant. Ma différence est souvent apparue aux yeux des autres comme un facteur limitant, mais moi je savais que j'avais beaucoup de ressources ! Cette fois-ci, on était ensemble, Fatiha et moi, et rien ne pouvait nous arrêter. Surtout pas l'aspect financier !

Alors, on a fait le choix radical de vendre notre maison et on est redevenus locataires à Annemasse, puis à Annecy. On était maintenant en avril 2019 et on avait 245 000 € à investir directement dans notre projet afin de créer les premières lignes de production.

Nos parents et notre entourage ont été effrayés par cette décision : quoi, sortir du confort pour retourner dans la difficulté alors que tout le monde se bat pour l'inverse ? Redevenir locataires alors qu'on était propriétaires, avec un CDI et tout ? Cela leur paraissait complètement fou. Leurs craintes ont failli être contagieuses, et ils ont tellement essayé de nous dissuader que cela nous a inquiétés, évidemment. Mais en voyant notre détermination, notre complicité, en goûtant nos produits, ils ont fini par s'apaiser. Heureusement, car le soutien de l'entourage est précieux quand on se lance vers l'inconnu.

https://lienmini.fr/papetpille2 https://lienmini.fr/papetpille3

Quelques tips de nous à vous !

- Pour que les autres croient en vous, vous devez déjà commencer par y croire vous-même. Si vous êtes sûr de votre projet, donnez-vous les moyens de le réaliser, quitte à reculer pour mieux sauter...
- Lorsque vous n'avez pas les connaissances nécessaires dans un domaine, renseignez-vous par vous-même : nous sommes dans un monde où toutes les informations sont disponibles gratuitement. Mais attention, quand on navigue sur Internet, il faut apprendre à faire le tri pour sélectionner les bonnes sources d'information.
- Quel que soit le projet que vous allez développer, vous rencontrerez des difficultés. Ce qui fera votre succès, c'est votre capacité à puiser dans vos ressources et celles des autres pour élaborer la solution qui vous permettra de toujours avancer.
- Restez attentif aux remarques, aux critiques, elles ne doivent pas vous figer mais au contraire vous challenger. Si vous parvenez à élaborer une réponse qui convainc votre interlocuteur que votre projet est viable, alors vous êtes sur la bonne voie.

3

Premier coup d'audace

Nous étions malgré tout toujours confrontés au même cercle vicieux : les banques qui ne suivaient pas, et les organismes de la région qui attendaient que les banques nous financent pour nous accorder leur soutien. Un truc à s'arracher les cheveux ! Le prêt d'honneur à taux zéro qu'offre Initiative pour un projet sélectionné pouvait vraiment nous aider à démarrer, mais cette décision dépendait d'une seule personne et de son jugement : « On n'y croit pas assez pour le moment » – et toutes les portes restent fermées. C'était impossible qu'on laisse une telle chose arriver !

Alors j'ai poussé mon premier coup de gueule. C'était lors du Salon des entrepreneurs à Lyon. Laurent Wauquiez, le président de la région Auvergne-Rhône-Alpes où nous étions pour l'instant installés, y a fait une apparition. Il se trouvait tout près de moi quand, face aux caméras, il a expliqué que la région faisait tout pour soutenir l'entrepreneuriat. Alors j'ai saisi l'occasion. Je l'ai interpellé, devant les journalistes, pour lui faire part de mon incompréhension devant ce qui se passait sur le terrain, en complète contradiction avec son discours de soutien aux entreprises locales. J'ai laissé parler mon cœur, sans avoir programmé ce que je disais, et cela l'a apparemment touché. Il m'a pris très au sérieux et m'a répondu qu'il allait se pencher sur la question. Par la suite, il a effectivement mobilisé toute une équipe autour de notre cas, avec à sa tête Thomas Even, le directeur du développement économique de la région. En quelques mois, toutes les aides auxquelles nous pouvions prétendre nous ont été accordées : une subvention « Start-up & Go » de 4 000 € (dispositif de financement des jeunes entreprises innovantes en région Auvergne-Rhône-Alpes, porté par Initiative), un financement de 30 000 € directement de la région, et un prêt bancaire de 60 000 € pour nos besoins en fonds de roulement.

Il a également mis en place un suivi par Nathalie Rousseau, avec l'Agence Auvergne-Rhône-Alpes Entreprises, qui nous a épaulés au quotidien pour nous conseiller et nous présenter le réseau entrepreneurial de la région.

Les responsables politiques de la région avaient compris que s'ils nous aidaient à réussir, nous deviendrions un exemple pour tous les autres entrepreneurs.

Tout cela nous permettait de développer nos lignes de production, mais aussi d'être accompagnés pour la R&D, le recrutement et la digitalisation. Nous étions désormais persuadés de la force de notre histoire, car elle avait vraiment touché les responsables de la région. On avait vu des étoiles dans leurs yeux, et ils avaient envie de s'impliquer dans notre projet !

Nous avons également compris quel rôle jouent les acteurs politiques dans le développement du tissu entrepreneurial. Si on arrive à parler à la bonne personne et au bon moment, si on croit en son projet et qu'on a des choses sérieuses à proposer, cela peut débloquer certaines situations et accélérer sérieusement le processus par une mise en relation avec les personnes compétentes.

Quand on aborde un responsable politique, il faut savoir jongler avec le côté public de la chose, qui permet d'attirer l'attention, et l'exécution qui se fera plutôt en backstage, avec ses équipes. Je pense que l'orientation politique n'entre pas en jeu quand on parle entrepreneuriat. L'entrepreneuriat étant l'essence même de la création de richesse en France, elle est une base commune à tous les partis. C'est ce qui fait qu'on peut s'adresser absolument à tous les acteurs politiques, sans forcément être associé à leurs convictions ou à leur parti. L'histoire dont nous témoignons fait immédiatement écho à ce qui se passe sur le terrain de manière générale, et nos arguments font mouche à chaque fois, car ils sont très pragmatiques. Quand on s'adresse à un politique, on ne lui vend pas un biscuit, mais une histoire entrepreneuriale qui a été compliquée ; et nos réflexions, nos commentaires, notre expérience seront utiles à ses équipes pour améliorer le processus et le rendre plus efficace.

On a ainsi pris conscience que personne n'est inaccessible, et que derrière les politiques se cachent des hommes et des femmes qui peuvent se montrer très engagés pour les Français. C'est la raison pour laquelle on a commencé à construire notre maillage dans le réseau politique et à s'investir dans la « cause entrepreneuriale ». Puisqu'on avait enfin réussi à défendre nos propres intérêts, l'idée de défendre par la même occasion ceux d'autres entrepreneurs comme nous est devenue une motivation supplémentaire.

Dans notre parcours, on a dû faire des choix et des sacrifices qu'on ne trouvait pas normal d'avoir à faire. On a vu des entreprises recevoir beaucoup plus facilement le soutien de certaines institutions ou la confiance des banques et on s'est demandé : pourquoi ? Qu'est-ce qui fait la différence ? Une des réponses est évidente : les entrepreneurs qui sortent de ce qu'on appelle les « grandes écoles » partent avec une dose de crédibilité bien supérieure à la nôtre. Des profils « atypiques » comme le nôtre n'inspirent personne. En plus, dans l'écosystème industriel, tout le monde a peur de la copie et de la concurrence. Donc personne n'ouvre facilement ses portes, et obtenir des conseils ou de l'aide est d'autant plus compliqué. Essayez de demander à un entrepreneur l'adresse mail de son distributeur ou de son fournisseur, ou qu'il vous mettre en contact avec quelqu'un qui vous serait utile… Impossible ! Les gens ont peur de partager leurs infos, ou bien ils refusent tout simplement par principe.

Nous avons donc décidé non seulement de tout faire pour prouver à ceux qui ne croyaient pas en nous qu'ils avaient tort – « la preuve par l'exemple ! » –, mais aussi de ne pas ressembler à ceux que nous dénoncions. Pourquoi vouloir tout garder pour soi ? Pourquoi ne pas s'entraider ? Pourquoi se considérer toujours comme des concurrents ?

Par rapport à d'autres entrepreneurs, on ose dire et faire beaucoup plus de choses, parce que l'audace est devenue un élément de notre ADN. C'est pour ça que des gens se sont mis à nous contacter pour nous demander des conseils, ou de partager nos résultats, nos contacts. Et nous l'avons fait. Nous avons aussi utilisé les réseaux sociaux pour faciliter ces échanges, et notre notoriété a commencé à se développer autour de la notion d'« entrepreneur solidaire ». Plus on rencontrait de personnes en difficulté avec leurs projets, plus on avait envie de développer le cercle vertueux du partage. C'est devenu notre combat : en même temps que nous développons notre entreprise, nous portons haut et fort la cause entrepreneuriale. Nous sommes capables de fédérer autour de cette notion et elle est devenue partie intégrante de nos valeurs.

Thomas Even, directeur du développement économique de la région Auvergne-Rhône-Alpes

Si on fait ce métier, c'est parce qu'on veut être utile et trouver des solutions aux besoins de gens qui nous sollicitent. On fait notre maximum, pour tout le monde. Mais, de temps en temps, il arrive d'être particulièrement touché par une personne, une histoire, un projet… Quand cela arrive, la motivation augmente, on progresse et on apporte, plus rapidement, de meilleures réponses à son interlocuteur.

Voilà ce qu'il m'est arrivé grâce à Fatiha et Raibed. Je les ai rencontrés pour la première fois à la demande du président de la région. Je devais donc écouter très attentivement leur demande et ne surtout pas les décevoir ! Mais après une heure de discussion, je n'avais pas besoin de me rappeler qui me les avait envoyés pour faire le maximum pour les aider.

Pendant cette heure, ils m'ont raconté leur parcours, leurs voyages, leur famille, leur projet, leur entreprise, leurs besoins. Pendant cette heure, ils m'ont aussi sidéré par leur humanité, leur courage, leur audace. Pendant cette heure, ils m'ont donné l'envie de me surpasser.

Cette première discussion, et toutes les suivantes, m'ont incité à faire plus et mieux pour cette femme et cet homme. Attention : je n'ai pas délaissé pour autant les autres projets, les autres entrepreneurs et les autres entreprises. J'ai simplement tenté de ressembler à Fatiha et Raibed pour pouvoir les aider du mieux possible : j'ai essayé d'être un peu plus malin et un peu plus tenace.

Grâce à eux, je suis devenu meilleur. Près de quatre ans après les avoir rencontrés, je reste bluffé par leur réussite, leur énergie et surtout par le fait qu'ils sont restés fidèles à leurs valeurs. Apprendre aujourd'hui qu'ils ont à cœur de partager leur expérience et d'aider autant que possible d'autres entrepreneurs ne m'a donc pas vraiment surpris…

Respect et merci. »

Quelques tips de nous à vous !

- Soyez vrai, soyez vous-même. L'émotion est utile dans le business, surtout si elle est positive. C'est elle qui vous permettra d'embarquer les gens dans votre histoire.
- Personne n'est inaccessible, alors osez frapper aux portes de ceux dont vous avez besoin ! les responsables politiques ou les personnes qui pourraient vous aider le feront seulement si vous êtes dans leurs radars. Si vous n'allez pas à leur rencontre, comment pourraient-ils connaître votre besoin ?
- « Donner, c'est recevoir. » Cette phrase s'applique aussi dans l'entrepreneuriat. Montrez l'exemple, agissez selon vos valeurs pour irradier les autres. Montrez que le partage de réseaux, de contacts est dans la normalité. Même si vous n'avez qu'un seul contact à partager, faites-le, cela vous en amènera d'autres. Mais soyez sélectif, il ne faut pas donner ce contact sans avoir compris ce que l'autre propose et évaluer si cette mise en lien est congruente.

LE REGARD DE FATIHA

« Vive l'entraide ! »

Hey ! Permettez-moi d'ajouter ma petite touche ici... Vous dire que Raibed et moi, on connait bien la frustration liée au fait de devoir mettre de côté ses ambitions en raison d'un manque de moyens. Comme il vous l'a dit, mon rêve était de devenir médecin, mais j'ai dû me résigner à démarrer plus rapidement sur le marché du travail afin d'aider financièrement mes parents à payer les factures et faire bouillir la marmite. Quand nous avons essuyé le refus d'un soutien de la part des banques et des organismes régionaux, ça a été la fois de trop. J'ai compris à ce moment-là que pour s'élever socialement et aller au bout de ses ambitions, il fallait se créer soi-même son opportunité.

Il est contre-intuitif de sortir de sa zone de confort une fois que l'on s'est mis en sécurité. Mais le faire tout de même, n'est-ce pas la meilleure preuve que l'on croit en soi et en son projet ? Il est parfois également nécessaire de prendre des risques pour montrer aux autres que les seules barrières sont celles qu'on s'impose ou qu'on laisse les autres nous imposer. Malheureusement, la barrière économique reste un obstacle parfois infranchissable pour des porteurs de projets avec de belles idées. Il est donc primordial de rappeler que la France reste l'un des pays qui favorisent le mieux l'entrepreneuriat. Ce qui nous a manqué au démarrage, c'est la connaissance de l'écosystème et de tous les dispositifs existants pour obtenir de l'aide.

C'est notre rôle aujourd'hui de venir appuyer les organismes comme la région, la BPI, la CCI, la CMA, Initiative... Car il y a tellement d'informations et de dispositifs, que ce sont ceux qui les ont déjà utilisés qui sont le mieux placés pour en parler et transmettre les tips. Les conseils entre entreprises prennent tout leur sens : ce qui a servi à l'une pourra servir à l'autre, et inversement.

Alors on va essayer de vous donner le plus d'infos possible dans ce livre !

4

C'est ainsi que nous devenons « Pap et Pille »

Le nom « Pap et Pille » est le résultat d'une réflexion menée avec la toute première agence de communication que nous avons contactée. On a fait émerger la dualité entre deux personnages ayant chacun leur personnalité, Fatiha et moi, et on les a représentés chacun par un dessin. C'est de là qu'est venue l'idée des surnoms : « Pap » d'un côté et « Pille » de l'autre. L'association des deux fait immédiatement penser aux papilles évidemment, et donc au goût, ce qui rejoint complètement la promesse de notre produit : déguster des saveurs du monde dans un format innovant qui séduit les papilles en une seule bouchée. Ce nom est désormais tellement associé à nous, que même dans la vie courante, on ne nous appelle plus par nos prénoms : je suis Pap et Fatiha est Pille ! Notre premier packaging montrait d'ailleurs ces deux petits personnages, type BD, que nous n'avons finalement pas gardés par la suite, car cela donnait un côté enfantin qui ne convenait pas à notre positionnement.

Au moment où nous avons déposé les statuts de l'entreprise, il m'a semblé important que Fatiha soit considérée comme la P.-D.G.

Symboliquement, je voulais qu'elle soit mise en valeur. Elle est la patronne de ma vie, il était normal qu'elle soit aussi la patronne de notre entreprise ! Et puis, on trouvait ça bien que les gens identifient Fatiha comme la directrice. Depuis le début, c'est elle qui gère la R&D, les achats de matières premières, la production et le contrôle qualité mais aussi tout l'aspect administratif, la facturation, la comptabilité. De mon côté, je m'occupe du marketing, de la commercialisation et des livraisons.

Côté produit, nous avons d'emblée assumé un positionnement haut de gamme. On avait étudié le marché, on savait que notre processus de fabrication était coûteux, qu'on resterait dans la fabrication artisanale, et notre cahier des charges nous interdisait d'utiliser des produits chimiques qui auraient rentabilisé plus rapidement le processus. La qualité a un prix ! Ceci dit, on ne fait pas une très grosse marge sur nos produits (et encore…) et on a essayé de viser un prix qui reste vraiment accessible, parce qu'on aime bien l'idée que la qualité puisse être pour tout le monde. C'est pour cela d'ailleurs qu'on propose de petits paquets de 30 g qui permettent de goûter un parfum pour moins de 2 €.

Les parfums de nos premiers biscuits commercialisés étaient évidents : ce sont les quatre que nous avions préparés pour le mariage grâce auquel nous nous sommes lancés. Ces goûts, qu'aucune autre marque ne propose, sont clairement notre signe distinctif.

Quant au packaging actuel, il est le fruit de nos nombreux échanges avec la *brand designer* Mathilde Blain. Elle a choisi des couleurs très contemporaines, très tendance, avec une dominante de vert comme signe d'espoir et de force. La dorure est un détail arrivé à la dernière minute qui a fait toute la différence. L'idée du hublot est une demande de notre part, on voulait évoquer ainsi la notion de voyage. Et le fait de raconter sur chaque paquet une petite histoire, celle de l'aventure ou de la rencontre liée à chaque biscuit, est une manière de montrer que nos produits nous ressemblent, que notre démarche est authentique. Ce packaging est encore amené à évoluer, car il manque d'efficacité en rayon. Il faut savoir qu'en magasin vous avez seulement dix secondes pour convaincre un client de tendre la main vers votre paquet de biscuits : si le packaging ne lui plaît pas ou ne permet pas de comprendre clairement le contenu de la boîte, vous êtes fichu ! Notre emballage doit porter beaucoup de messages à la fois, car nous misons sur une véritable expérience visuelle et gustative avec nos billes de saveur. C'est donc un équilibre complexe à trouver pour communiquer exactement ce que l'on souhaite en un coup d'œil.

On nous parle souvent de Michel & Augustin par rapport au style de nos produits. C'est vrai qu'on a étudié de près leur positionnement, leur business model, leur façon de communiquer : puisque leur succès est un cas d'école, il aurait été idiot de ne pas s'en inspirer ! Michel & Augustin ont ouvert une voie, dans le sens où ils ont été les premiers à vraiment utiliser le storytelling pour parler de leurs produits de façon différente. Mais contrairement à nous, Michel & Augustin viennent d'un milieu qui leur a servi d'appui, de tremplin. Ils sont tous les deux diplômés de l'ESCP et l'un a été analyste pour le Crédit lyonnais, l'autre pour le Club Med. Le monde de l'entrepreneuriat, les questions de rentabilité, le marketing, tout cela ne leur était clairement pas étranger, et en plus ils avaient du réseau. Ce n'est pas la même donne quand on est deux infirmiers ! Après, il est évident qu'ils sont très forts et que leurs méthodes, leur manière d'occuper le terrain avec leurs produits sont une grande source d'enseignement. Leur success story est extrêmement inspirante, et on se souhaite le dixième de leur réussite !

Côté inspiration d'ailleurs, on ne peut pas dire qu'on ait vraiment la culture de la marque. Je dirais plutôt qu'on est inspirés par des personnes. Je pense à l'Abbé Pierre, par exemple, qui a faire preuve d'une telle abnégation pour se mettre au service des autres… je trouve cela admirable. Mes parents sont les premiers « entrepreneurs » que j'ai rencontrés : ils ont tout sacrifié en faisant le pari de venir s'installer en France. Ils ont ainsi investi dans leurs enfants, en espérant les voir réussir et s'élever socialement. Les parents de Fatiha lui ont également transmis la valeur du travail. On est des gens très pragmatiques, ce sont les actions et les faits concrets qui nous inspirent. Nous avons rencontré beaucoup de personnes très investies dans leur corps de métier, ou dans des associations qui permettent de venir en aide aux autres. C'est cette fibre-là qui nous anime, et qui pousse la valeur solidarité même dans notre business. Fatiha a décidé très tôt qu'on devait chaque mois mettre de côté 2 % de ce qu'on produit à l'usine, pour systématiquement en faire don à une association. Les gens qui travaillent à la production apprécient aussi ce geste, cela fait partie de l'esprit dans lequel nous souhaitons inscrire notre vie d'entrepreneurs.

Quelques tips de nous à vous !

- S'inspirer des autres, ce n'est pas copier, c'est gagner du temps. Il faut comprendre ce qui fait le succès d'un « concurrent » et le transposer dans votre propre entreprise, tout en restant cohérent avec qui vous êtes.
- Votre entreprise est un prolongement de vos valeurs. N'oubliez pas qu'elle doit aussi vous représenter et vous correspondre. Vous êtes l'ADN de votre entreprise. Réfléchissez aux valeurs qui sont les vôtres et faites en sorte qu'elles transparaissent dans votre marque, mais aussi dans votre manière de diriger votre entreprise.
- Vous devez réaliser votre « plateforme de marque ». Cela consiste à définir qui vous êtes, ce que vous proposez, pourquoi vous le faites, à qui vous allez le vendre et comment. Ce document écrit (il y a des modèles gratuits sur Internet) permet un vrai travail d'introspection et d'analyse de l'entreprise. Il pourra être transmis à toutes les nouvelles recrues pour qu'elles aient connaissance de votre vision et puissent l'adopter.

LE REGARD DE FATIHA

« Le fait d'être une femme entrepreneur est un combat en soi ! »

Hop, je fais de nouveau un petit saut par ici pour parler à toutes les femmes qui sont en train de lire ce livre ! C'est vrai que dans les faits, je suis la P.-D.G. de Pap et Pille, je m'occupe de la R&D et de la production, ce qui n'est pas rien. Et pourtant, la plupart du temps, les gens s'adressent à Raibed comme si c'était lui qui dirigeait tout. J'avoue que ça m'agace parfois, mais Raibed, ça a le don de vraiment l'énerver ! Il n'hésite pas à secouer le cocotier en répondant aux gens qu'ils doivent s'adresser à « la patronne ».

Être une femme, c'est compliqué dans la vie de tous les jours, être une femme entrepreneur ça l'est encore plus, mais être une femme dans l'industrie, je ne vous raconte pas ! On me dit souvent qu'il faut trouver sa place, mais quand la place n'existe pas, il faut carrément la créer soi-même ! Avec le temps, j'ai gagné en confiance en moi et je me suis rendu compte que beaucoup de femmes manquaient de soutien pour sauter le pas comme je l'ai fait. C'est pourquoi j'ai décidé d'affirmer mes positions et de dire aux autres femmes entrepreneures que je suis là pour elles si elles ont besoin de force. « P.-D.G. » ce ne sont peut-être que trois lettres, mais dans l'esprit des gens, cela me donne un réel poids décisionnel et organisationnel. J'encourage donc les femmes à s'affirmer et à aller chercher les places qu'on ne leur propose pas ! Ma mère faisait des ménages, elle était aussi assistante maternelle : jamais elle ne s'est imaginée patronne, et pourtant elle en était tout à fait capable. À travers mon parcours, elle vit aujourd'hui par procuration ce qu'elle aurait pu être, c'est une grande revanche pour nous toutes !

J'en profite pour parler du fait que lorsqu'on est une femme active et jeune maman, les gens ont tendance à nous faire culpabiliser, considérant que c'est la mère qui doit la première s'écarter du monde du travail pour s'occuper des enfants, tandis que l'homme continue à travailler pour faire vivre le foyer. Oui, on en est encore là ! J'ai la chance d'avoir un

mari féministe, mais je sais que ce n'est pas le cas de toutes les femmes. Alors, je vous le dis haut et fort : ne culpabilisez pas de vous réaliser professionnellement, vos enfants seront heureux de vous voir heureuse, et vous serez d'autant plus disponible pour eux si vous êtes contente de ce que vous faites par ailleurs ! Bousculez les vieux codes !
Si ça peut vous rassurer, je suis retournée travailler seulement un mois après mon deuxième accouchement et j'ai carrément emmené mon bébé dans notre atelier de production ! On avait créé un petit espace de jeu pour l'aînée et même un coin pour l'allaitement. On pouvait ainsi garder nos deux filles au plus près de nous, mais je ne me suis pas interdit de bouger de la maison !
Ceci dit, je ne vous cache pas qu'il faut une certaine énergie pour cela : si le salarié termine sa journée en quittant le boulot, l'entrepreneur garde en continu le poids de son entreprise sur les épaules. Parfois, c'est épuisant, évidemment. Mais ça en vaut la peine !

5

Notre première centrale régionale

C'est en novembre 2019 que la commercialisation a vraiment commencé. J'ai placé les premiers produits en direct, en démarchant les responsables de magasins. Notre premier point de vente a été le Super U de Bonne en Haute-Savoie, puis un Intermarché et un Carrefour Provencia dans les environs. Très vite, je me suis rendu compte qu'il fallait que je m'adresse à un acheteur régional. Sauf que ce sont des gens extrêmement sollicités qu'il est très difficile d'atteindre quand on ne représente pas une grosse marque, ou que l'on n'a pas fait suffisamment parler de soi. Comment attirer l'attention de ces personnes ? C'est le nerf de la guerre…

Je me suis donné un objectif : je voulais nous faire référencer dans tous les Carrefour Provencia, puisqu'il fallait bien commencer quelque part. Pour cela, je devais absolument rencontrer Jacques Pobel, l'acheteur régional de Carrefour.

Le siège de la société se trouvait à Annecy et j'ai réussi à obtenir le numéro de Jacques Pobel grâce à un directeur de magasin. Je l'ai appelé plusieurs fois, mais il n'avait jamais de temps à m'accorder et je me suis chaque fois fait remballer… Qu'à cela ne tienne, j'avais déjà compris que l'audace est une bonne amie, alors j'ai décidé d'aller déposer un colis directement au siège à Annecy, à son nom. Une fois à l'accueil, j'ai demandé à la personne qui se trouvait derrière le comptoir si je pouvais remettre ce colis en main propre. « Non, malheureusement c'est impossible » m'a-t-elle répondu en tendant la main pour prendre le colis. Mais vous commencez à me connaître ! J'ai gardé le colis et insisté un peu, en expliquant qu'il fallait vraiment que je voie M. Pobel. Là, elle m'a répondu une phrase toute simple qui représentait pour moi une chance énorme : « Si vous souhaitez le croiser, il descend prendre l'air deux à trois fois dans la matinée. »

C'était parfait, il ne me restait qu'à monter mon embuscade ! Je me suis installé dans ma voiture garée devant l'entrée du bâtiment, et je me suis connecté à LinkedIn pour trouver une photo de Jacques Pobel et me renseigner sur lui. Et là… bingo ! Trente minutes venaient à peine de s'écouler qu'il était en train de franchir la porte d'entrée, pile en face de moi. Je suis sorti de la voiture pour aller à sa rencontre, je l'ai salué et me suis présenté. Comme je lui avais téléphoné plusieurs fois, il voyait très bien qui j'étais. Alors je lui ai tendu le colis contenant un panaché de nos produits, en lui pitchant rapidement notre histoire. Puis je lui ai dit : « Vous goûtez et vous me donnez un rendez-vous ? » Le fait que j'insiste ainsi lui a montré à quel point j'étais déterminé et mon franc-parler l'a fait sourire. Il m'a répondu : « OK, tu l'auras ton rendez-vous. »

Par la suite, il m'a reçu dans ses bureaux et a pris le temps de m'expliquer les grandes lignes du business dans la grande distribution. Il m'a aussi conseillé sur la manière d'améliorer notre produit – par exemple en revoyant le packaging – et de mettre en place une bonne logistique pour organiser et professionnaliser l'entreprise. Il m'a aussi fait un cours sur la commercialisation en grande distribution, sur la négociation avec les magasins, la mise en place de campagnes promotionnelles, et m'a aidé à calibrer mon discours pour qu'il soit clair et efficace.

Ce rendez-vous a été fondateur dans ma stratégie de vente et de diffusion des produits. Car tout ce que j'ai mis en place grâce à ces conseils m'a crédibilisé en tant que responsable commercial de Pap et Pille. Mon discours s'est professionnalisé, j'avais désormais des plaquettes commerciales, une stratégie de dégustation, une mécanique tarifaire pour stimuler les ventes… Grâce à ce seul rendez-vous, j'ai gagné énormément de compétences ! Et surtout, c'est un parc potentiel de quarante magasins qui s'est ouvert à nous : tous les Carrefour de la région.

https://lienmini.fr/papetpille4

Quelques tips de nous à vous !

- Ne soyez pas attentiste, être proactif enverra un signal positif à vos interlocuteurs. Ils seront rassurés par votre détermination car ils prennent un risque professionnel à travailler avec vous. Rappelez-vous que vous allez proposer à une personne quelque chose qu'elle ne vous a pas demandé. Il faut donc créer le besoin ou l'histoire qui l'incitera à « acheter ».
- N'ayez pas peur de dire « je ne sais pas » : si vous conservez une attitude sincère et honnête, la plupart de vos interlocuteurs prendront le temps de vous transmettre leur savoir.
- On peut apprendre de tout le monde et à tout moment. Il faut saisir chaque opportunité et adopter la bonne attitude. Être un bon entrepreneur, c'est acquérir des compétences que l'on n'a pas ou les trouver chez les autres. Si vous n'avez pas les moyens de payer quelqu'un, vous devez apprendre à tout faire vous-même, même si ce n'est pas parfait ! Et la manière la plus économique est d'aller chercher le savoir chez ceux qui le détiennent, à travers des rencontres.

6

Le jour où nous avons gagné le concours de pitch

Par le biais d'une autre start-up, on a découvert qu'il existait des concours pour les jeunes entreprises, dans le but de les mettre en lumière et d'aider l'accélération de leur développement. C'est aussi un bon moyen de se connecter à l'écosystème start-up et d'enrichir son réseau. On s'est donc inscrits à la dixième édition du Startup Contest, un concours de business plan et de pitch placé sous le haut patronage du président de la République et animé par Didier Barbet. Ce concours désigne chaque année trente champions régionaux et deux lauréats nationaux (prix Amorçage et prix Accélération). La promesse pour les entreprises lauréates est de booster leur visibilité, leur crédibilité et leur image, de rejoindre un réseau d'entrepreneurs, d'experts et de partenaires, et peut-être de convaincre des investisseurs. Beau programme, n'est-ce pas ?

Ce concours se déroule à Paris et pour nous qui habitions Annecy, c'était déjà une expédition à organiser. En plus, la mise en scène du concours est plutôt stressante : on doit pitcher sur un ring de boxe ! On allait devoir affronter d'autres start-up en mode « warriors », et faire le meilleur pitch de tous les temps ! Les membres du jury voteraient pour le projet qui avait le plus de potentiel selon eux. Et surtout, ils donneraient leur avis sur la start-up dans laquelle ils allaient investir. Il n'y avait pas à tortiller : il fallait qu'on soit les meilleurs !

En se préparant à ce concours, on a commencé à filmer toutes nos actions, mais aussi nos différentes rencontres avec d'autres entrepreneurs, parce qu'on sentait qu'on était en train de vivre quelque chose de spécial et de très excitant. On avait envie de garder trace de tout cela, et peut-être d'en faire quelque chose par la suite. On est passés par les différentes phases de sélection, en gagnant en confiance mais aussi en stress à mesure qu'on franchissait les étapes, et on a finalement été sélectionnés pour la finale.

Comme je suis plus à l'aise que Fatiha à l'oral, il était convenu que ce serait à moi de pitcher. On a posté trois petits épisodes sur Instagram : dans le premier, on sent que je suis aussi stressé qu'excité par la chose ! Dans le deuxième, on fait un petit clin d'œil à deux femmes dont le profil était super intéressant pour nous : Geneviève Clarkson, fondatrice de Start-up World et Donia Abidat, présidente de D&A Consulting Group. Un petit coup de pouce, mesdames ? Et dans le troisième, c'est la finale ! On me voit sur le ring, tout penaud avec mes gants de boxe, face à mon adversaire, Thomas Schmit de l'entreprise Numa Health. Il parle en premier et à la question que lui pose l'animateur : « Pourquoi est-ce qu'on devrait te choisir toi ? », il répond : « Parce que je veux soigner tout le monde et vous faire vivre longtemps en bonne santé ! » Imaginez ma panique à ce moment-là : ce type a créé une boîte avec un médecin et ils ont développé ensemble une méthode absolument incroyable pour prévenir certaines maladies graves – une goutte de sang, des algorithmes, et il ne leur faut que quelques secondes pour détecter les risques et apprendre aux patients comment les éviter. En découvrant le projet porté par ce candidat, Fatiha et moi, on s'est dit qu'avec nos biscuits on n'avait aucune chance. Ce qu'il faisait nous semblait beaucoup plus utile pour la société !

Au moment de pitcher, tout cela m'a un peu déstabilisé. J'ai raconté notre histoire, mais je me sentais impressionné par le jury, j'étais franchement hésitant, maladroit, et même je tremblais ! Malgré cela, il faut croire que j'ai réussi à donner les éléments importants et fondateurs de notre histoire entrepreneuriale, car à notre très grande surprise, nous avons gagné ce concours et remporté la coupe.

C'était la première fois qu'on avait un retour direct du public sur notre histoire entrepreneuriale. J'étais gêné de gagner face à ce candidat qui, selon moi, avait créé une innovation majeure dans la santé. Mais il nous a dit lui-même que notre histoire était incroyable et que nous méritions notre victoire étant donné les sacrifices que nous avions faits, et ce qu'on représentait pour l'entrepreneuriat en général. Il était vraiment clair que nous vivions une histoire atypique et que nous avions une responsabilité face aux autres entrepreneurs !

Thomas Schmit, fondateur de Numa Health

J'ai perdu face à Fatiha et Raibed, c'est vrai… et en tant que compétiteur, je peux vous assurer que je n'aime pas perdre, mais alors pas du tout !

Mais là, c'est différent… L'entrepreneuriat est un sport de combat. Un combat contre les autres bien sûr, mais contre soi-même surtout. Il faut un engagement total, il faut de la passion, avec ce que la passion implique comme souffrance. L'histoire de Fatiha et Raibed le prouve bien : leur engagement complet pour un projet dans lequel ils croient est ce qui donne l'âme et la puissance de leur aventure. Finalement, perdre face à eux fut un plaisir, ça c'est le combat contre moi-même. Plaisir car, après plus de vingt ans de compétition, j'ai pris conscience qu'on apprenait bien plus dans la défaite que dans la victoire, même si on le comprend après…

Perdre contre Fatiha et Raibed m'a permis de ressentir ce que la puissance de l'engagement peut avoir comme impact de conviction.

Longue vie à votre projet et à votre envie de faire partager votre beau chemin à tous les autres fous qui créent des boîtes !

https://lienmini.fr/papetpille5 https://lienmini.fr/papetpille6 https://lienmini.fr/papetpille7

Quelques tips de nous à vous !

- Chaque histoire est différente et lorsqu'on porte la sienne avec conviction et détermination, elle peut toucher les autres. Il est primordial de prendre une feuille et un stylo pour mettre en mots « qui vous êtes ». Se raconter est un exercice qui demande du travail et de la préparation.
- Prenez chaque événement, chaque concours, chaque présentation très au sérieux. Cela permet de travailler son discours en temps réel, avec de vrais feedbacks. Faites le point après pour mettre en avant le bon, et tout ce qui peut être amélioré. C'est ce qui vous permettra de dégainer un pitch de façon automatique lorsqu'une situation inattendue se présentera.
- Aujourd'hui, les clients ne consomment plus seulement un produit, ils ont besoin de donner du sens à ce qu'ils achètent, et le fait de connaître le créateur d'une marque, son histoire, ses galères, ses réussites crée une proximité indéniable. Alors montrez-vous, ne vous cachez pas derrière le nom de votre entreprise ! Cela s'appelle du *personal branding*.

LE REGARD DE FATIHA
« Être timide n'est pas une fatalité... »

Avant de créer Pap et Pille, j'étais quelqu'un de très discret. Contrairement à Raibed qui a des facilités pour prendre la parole, moi je suis plutôt réservée, il me faut du temps pour créer des liens et me « lâcher » avec les autres. Mais quand on a commencé à devenir de plus en plus médiatiques à travers notre entreprise et à diffuser des vidéos sur les réseaux sociaux, il a bien fallu que je sois moi aussi en mesure de parler de notre activité : les gens voulaient nous entendre tous les deux !
Le fait de personnifier notre marque, le fait que je sois « Pille », m'a obligée à parler à la presse, à la radio, mais aussi aux autres entrepreneurs qui venaient à notre rencontre. Raibed m'a beaucoup accompagnée sur le sujet, en me donnant des conseils, en me coachant. J'ai même suivi des séances de coaching avec des professionnels, sur la prise de parole. Petit à petit, j'ai commencé à prendre confiance en moi.
Il arrive que des entrepreneurs viennent me voir pour me dire que je les ai inspirés, que je leur donne la force de croire en leurs objectifs. Mes sœurs et mes parents sont aussi très fiers de moi : ils voient que je m'épanouis, que je prends de l'assurance. Tout cela a commencé à m'animer et j'ai pris de plus en plus plaisir à raconter notre histoire et à m'exprimer en public. Heureusement, car on nous a rapidement proposé de faire des conférences devant vingt, puis cinquante, puis quatre mille personnes ! Et plus ça allait, plus j'aimais cela. Maintenant nous nous donnons souvent la réplique, Raibed et moi : chacun a gardé son style, mais nous faisons un vrai duo. Je n'aime toujours pas me voir en vidéo, mais cela m'a permis d'analyser des choses et de m'améliorer. L'entrepreneuriat m'a forcée à révéler des capacités que j'ignorais totalement chez moi ! Alors, si vous aussi vous vous considérez comme quelqu'un de timide, faites l'effort de travailler cet aspect de votre personnalité, vous verrez que c'est très gratifiant et valorisant de dépasser les freins qu'on se met à soi-même.

7

Comment LinkedIn est devenu notre meilleur ambassadeur

À peu près à la même époque, Fatiha a une l'idée de regarder sur LinkedIn les pages de toutes les enseignes qui pouvaient nous intéresser : Carrefour, Franprix, Monoprix, etc. Il se trouve que sur ces pages, il y a un onglet qui centralise les profils de toutes les personnes travaillant pour une même enseigne. Fatiha a donc recherché tous les responsables d'achats d'épicerie sucrée de chaque groupe. Et cela a été une nouvelle révélation pour les entrepreneurs que nous sommes. On s'est rendu compte que grâce à cette plateforme on pouvait trouver et contacter tous les professionnels dont on avait besoin pour avancer dans notre business.

La première personne que nous avons réussi à atteindre, c'est Romy Taieb Rossi, responsable Innovation chez Franprix. On avait pris le temps de lui écrire un message calibré, avec une petite présentation pour lui raconter qui on était. À notre grande surprise, elle a répondu rapidement en nous demandant de lui envoyer un colis afin qu'elle puisse goûter nos produits. Nous l'avons fait, et le lendemain de la réception du colis elle nous a contactés pour nous informer qu'elle allait nous mettre en lien avec une personne de son équipe, afin de passer en commission Innovation chez Franprix. Que notre produit puisse être considéré comme une innovation, c'est une chose à laquelle nous n'avions absolument jamais pensé ! On fait des biscuits, on n'a quand même pas inventé l'eau chaude...

Et pourtant, la semaine suivante, nous passions en commission. Là, il y avait trois issues possibles :

- soit on n'était pas du tout dans le cadre de l'innovation, et tout s'arrêtait là ;
- soit les votes étaient partagés, et nos produits seraient testés dans une trentaine de magasins Franprix pour voir leur potentiel ;
- soit nous étions élus Innovation à l'unanimité, et nos produits seraient référencés dans tous les magasins Franprix, soit 900 points de vente !

Eh bien, figurez-vous que nous avons été élus Innovation à l'unanimité. On existait depuis moins de six mois, et voilà qu'on allait être référencés dans plus de 900 magasins dans toute la France. Cela nous a donné un énorme coup d'accélérateur. Nous avons pu solliciter une banque pour acheter de nouvelles machines, plus industrielles, afin de faciliter la production. Parce que la contrepartie, c'est que nous allions devoir produire et livrer des quantités que nous n'avions jamais assurées jusqu'ici !

Cet événement a été crucial pour Pap et Pille. D'une part, notre tampon « Innovation » nous a permis de tenir un nouveau discours très novateur sur le produit. Et d'autre part, le fait que Franprix nous fasse confiance a rassuré toutes les autres enseignes, qui se sont dit « pourquoi pas nous ? ». Nous avons largement diffusé cette information sur les réseaux sociaux et cela a alerté d'autres acheteurs sur le fait que notre produit commençait à être diffusé à plus grande échelle. L'effet boule de neige était enclenché.

À partir de ce moment, on n'a plus cessé de communiquer sur LinkedIn, et on a travaillé soigneusement chacun de nos posts. On partage toutes nos découvertes, nos difficultés, en faisant de courtes vidéos, sans hésiter à tout montrer. On repartage aussi des posts qui nous inspirent, car cela peut servir aux autres. LinkedIn, c'est la nouvelle école des entrepreneurs. On y trouve des tips, des conseils, des outils, on peut même y discuter avec des acheteurs comme cela a été notre cas. À notre avis, c'est beaucoup plus utile qu'Instagram, car on peut en retirer des enseignements, on peut y dénicher plein d'articles extrêmement intéressants. On peut aussi regarder comment les autres travaillent, en retirer des idées pour adapter ses propres méthodes. Aujourd'hui, plus besoin de passer du temps en formation : tout le monde partage ses cours sur LinkedIn !

De notre côté, on n'avait pas du tout prévu que LinkedIn prenne une telle place dans notre communication. Mais notre communauté s'est rapidement agrandie, et on a pris cela très au sérieux, on a eu envie d'offrir du contenu sympathique et motivant à tous ceux qui nous suivent et nous soutiennent de cette manière.

Et finalement, sans s'y attendre, on a été élus dans le « Top Voices Entrepreneuriat ». Cela signifie que nous figurons parmi les dix profils d'entrepreneurs qu'il faut suivre, selon les journalistes LinkedIn. Pour nous, c'est un signe de reconnaissance très précieux.

Quelques tips de nous à vous !

- LinkedIn est un répertoire à jour des contacts qui peuvent booster votre business, avec un accès facilité aux personnes qui peuvent vous aider dans le développement de votre activité. Pourquoi ne pas l'utiliser ? Tout comme sur le terrain, il y a un apprentissage à faire pour l'utiliser de façon optimale, mais rien n'est insurmontable. C'est un outil à part entière comme l'était le carnet d'adresses papier.
- LinkedIn est le réseau social professionnel par excellence. Avoir un profil LinkedIn est essentiel si vous vous lancez : cette plateforme peut être la vitrine de ce que vous vivez en tant qu'entrepreneur, mais c'est aussi un moyen de démarcher commercialement vos clients. Utilisez cette audience pour nourrir votre business.

- Cela demande de la préparation et de l'attention. Il faut animer et entretenir le lien sur LinkedIn comme le ferait un commercial sur le terrain – mais là vous gagnez du temps, donc de l'argent ! Votre message doit être clair, et vos publications les plus vivantes et reconnaissables possible. Elles sont le reflet de votre personnalité et de vos convictions.
- Les réseaux sociaux, c'est très cool, mais il faut être vigilant pour les utiliser professionnellement : vous y créez votre réputation professionnelle ! Les commentaires que vous faites, les posts que vous likez vont communiquer des informations sur votre personnalité aux personnes qui vous suivent.

8

Une grosse boulette

Avec l'étiquette « Innovation Franprix », on avait deux mois devant nous pour faire les papiers nécessaires au référencement et livrer la première commande fin février 2020. Comment gérer cette augmentation soudaine de production ? On a fait des plannings, anticipé les achats, organisé chaque semaine en fonction de la quantité de biscuits à produire. On était tellement heureux qu'on avait une énergie dingue. On s'est dit que Franprix allait nous commander des produits régulièrement pour le réassort en rayons, on a donc anticipé la production sur toute l'année. Et c'est là que l'émotion l'a emporté sur la raison.

Cela faisait seulement six mois qu'on existait vraiment, on faisait encore tout nous-mêmes avec l'outil de production qu'on avait fabriqué et Fatiha allait bientôt accoucher de notre deuxième fille ! Elle est restée focus sur l'administratif à la maison – congé maternité, vous dites ? Elle en a profité pour tout donner pour Pap et Pille ! –, et on a embauché notre premier employé à mi-temps, un technicien-opérateur, pour la remplacer sur la production. Moi je continuais à occuper le terrain en tant que commercial, à surveiller la production et gérer les livraisons la journée, mais j'étais toujours infirmier de nuit ! Pas question pour l'instant de vivre des fruits de notre entreprise, il fallait garder la double casquette…

Dans mon enthousiasme, et la fatigue aidant, j'ai passé commande des packagings et autres fournitures par anticipation, pour être sûr qu'on ne manque de rien au moment de produire et livrer les quantités demandées. Erreur à ne surtout pas commettre quand on est une jeune entreprise ! J'allais durement l'apprendre. Souvent, c'est le manque d'expérience qui conduit à faire des faux pas au moment de la première accélération…

C'est quand j'ai reçu la facture que j'ai compris que j'avais dépensé plus de 30 000 € d'immobilisation avec toutes ces commandes anticipées… et j'ai littéralement halluciné quand deux camions sont venus livrer 49 palettes de fournitures à caser dans l'usine ! Je m'étais vraiment emballé, sans me rendre compte que ça représentait cette somme et cette quantité ! Ce jour-là, c'est comme si le ciel m'était tombé sur la tête. Je suis rentré à la maison en larmes, je ne savais pas comment expliquer à Fatiha que j'avais tout planté, que notre aventure était foutue à cause de moi. Quand elle m'a vu dans cet état, elle a d'abord éclaté de rire, puis elle a compris que j'étais vraiment mal, alors elle a immédiatement cherché à me rassurer, à me réconforter. Je voyais bien qu'elle ne réalisait pas l'ampleur de la boulette que j'avais faite ! Mais heureusement que j'ai pu compter sur son soutien à ce moment-là, parce que j'étais vraiment au fond du trou. Nous avions une trésorerie très juste ; cette mauvaise décision aurait réellement pu couler la boîte. D'autant que quelques mois plus tard, nous avons dû améliorer nos recettes et repenser nos packagings ; tout ce que j'avais acheté devenait inutilisable. Nous avons fait recycler tous ces emballages, c'était tout simplement une perte sèche !

Cerise sur le gâteau, on a effectivement livré Franprix en février comme prévu, et la crise sanitaire liée à la pandémie de Covid s'est déclarée un mois plus tard, conduisant au confinement national en mars 2020. Les présentoirs de devant de caisse sur lesquels se trouvaient nos produits ont été fermés et tout est parti à la poubelle. Il a fallu attendre que les choses reviennent à la normale pour que Franprix repasse commande de nos produits.

https://lienmini.fr/papetpille8

Quelques tips de nous à vous !

- Quand vous signez un gros contrat, évitez de vous emballer et gardez les pieds sur terre : attendez de recevoir les commandes pour vous engager dans la production.
- Trois mois de commande d'avance suffisent, en fournitures et matières premières, pour être flexible sur vos quantités d'utilisation. Vous devez connaître les délais d'approvisionnement de vos prestataires et faires des tableaux avec des dead lines de commandes. C'est ainsi que vous devez gérer vos immobilisations/stocks.
- Le fonds de roulement, la trésorerie, le cash disponible, appelez-le comme vous voulez, mais c'est ça qui vous permet de faire vivre l'entreprise. S'il n'y en a plus, c'est fini ! Vous devez donc surveiller cette donnée comme le lait sur le feu, en mettant en place dès le départ un tableau de suivi des entrées/sorties, que vous consulterez et mettrez à jour quotidiennement. Car les problèmes de trésorerie peuvent arriver très vite ! Par ailleurs, c'est un besoin que les banques ne veulent pas financer. Donc, soyez plus que vigilant !

LE REGARD DE FATIHA

« Se soutenir l'un l'autre avant tout ! »

Quand j'ai vu Raibed arriver en larmes à la gare, ma première réaction a été d'oublier l'entreprise et de faire face à cette émotion si violente pour lui. J'étais là pour mon mari, tout le reste n'avait plus d'importance. Je sais à quel point il s'accomplit dans cette aventure, mais combien aussi cela demande de temps et d'énergie pour réussir. C'était un moment où Raibed était tellement investi qu'il ne se donnait même plus le temps de souffler. Il était inévitable qu'à un moment ou un autre, ça craque quelque part. Ne plus prendre de recul conduit à faire des erreurs et de mauvais choix. Avec ces 30 k€ de commandes, il était tellement mal, au bord du gouffre, que l'argent n'était pas la question, seuls mon mari et sa santé comptaient. C'est par la suite, quand j'ai remis ma casquette de P.-D.G., que j'ai considéré les choses de façon pragmatique. Mais que faire au final ? On apprend de ses erreurs, c'est tout !

Quand on se lance dans une telle aventure en couple, il faut absolument apprendre à gérer les inévitables tensions, les désaccords. Car tout ce qui intervient dans le cadre professionnel va forcément glisser dans le cadre personnel. Pap Et Pille, c'est l'aventure de notre vie. Si les gens ne nous appellent plus Fatiha et Raibed, c'est parce qu'on incarne vraiment notre marque. Alors on a décidé d'appliquer dans nos relations professionnelles ce qu'on applique dans nos relations privées : l'orgueil n'a pas de place dans le couple, on peut montrer ses faiblesses à l'autre, il faut savoir demander pardon mais aussi pardonner. L'essentiel est de ne jamais rompre le dialogue. Les intentions de l'un envers l'autre doivent toujours être bienveillantes. Sinon, comment tenir ? Donc, quelles que soient les actions commises par l'un ou l'autre, il faut toujours chercher le côté positif de ce qui se passe, et se serrer les coudes. Si vous commencez à faire culpabiliser votre coéquipier parce qu'il a commis une erreur, rien n'ira plus. Ce que je viens de partager peut être transposé à la relation entre des associés, des cofondateurs. Créer une entreprise ensemble, c'est comme un mariage : il va falloir vivre ensemble et prendre des décisions ensemble. Les difficultés, les notions d'argent vont inévitablement malmener la relation, et l'enjeu majeur est de toujours trouver des solutions, quitte à faire des concessions.

9

Pitcher, encore et toujours !

En gagnant notre premier concours de pitch, nous avons pris goût à l'exercice. Mais nous n'étions pas complètement satisfaits de notre manière de transmettre notre message. Il nous semblait que notre proposition de valeur n'était pas assez clairement exprimée. Il fallait qu'on retravaille ce point. On a commencé à se documenter et à s'intéresser en particulier à la notion du « Pourquoi ». Le fameux livre de Simon Sinek, *Commencer par Pourquoi* (Performance Ed, 2015), nous a permis de vraiment poser notre identité de marque, nos valeurs, et de structurer notre discours afin qu'il soit facilement compréhensible.

Puis on s'est inscrits au « Marathon Pitch » du Salon des entrepreneurs, qui se déroulait début février à Paris : « 60 start-up issues du monde des industries culturelles et récréatives, de l'éducation/insertion professionnelle, du sport/santé et à impact relèvent le défi de présenter leur projet en 3 minutes devant un public d'entrepreneurs, d'investisseurs et un jury d'experts ». Ce concours est porté par Madjid Yahiaoui, un acteur engagé pour la cause entrepreneuriale avec lequel nous avons depuis eu l'occasion de créer un vrai lien. Il est naturellement devenu une personne ressource pour nous.

Le pitch, c'est ça : 3 minutes pour convaincre. Alors évidemment ça se prépare. La technique que j'ai développée, personnellement, c'est une base de quelques pitchs qui peuvent s'adapter à toutes les situations – parce qu'on ne sait jamais à quel moment on va rencontrer une personne intéressante pour le business, il faut donc être capable de dégainer plus vite que son ombre. Voici ce que j'ai en rayon dans ma tête, toujours prêt à servir :

- des punchlines pour attirer l'attention de quelqu'un en 15-30 secondes, dans le but d'engager une discussion ;
- un pitch d'1 minute 30 qui permet d'expliquer qui nous sommes et ce que fait l'entreprise ;
- un pitch de 5 minutes qui entre dans le détail et donne envie d'en savoir plus.

Avec Fatiha, on a beaucoup travaillé sur une plateforme de marque : on a posé à l'écrit énormément de choses qui nous appartiennent, qui nous sont arrivées. Cela permet de garder le fil conducteur de notre histoire. Il faut dire que comme on vit les choses de façon très personnelle, pour nous pitcher c'est simplement se raconter ! Le message qu'on souhaite faire passer dans tous nos pitchs est très constant : quel que soit le postulat de départ, grâce au travail et à la résilience on peut réussir à s'élever socialement.

Au départ je n'étais pas super bon. Ce n'est pas une compétence innée ! Je me suis entraîné, j'ai testé, réécrit, je me suis planté, souvent je n'ai pas été efficace, et au fur et à mesure j'ai affiné ma technique, ce qui fait qu'aujourd'hui je suis capable d'orchestrer un pitch en live pour atteindre un objectif.

Sachez qu'à chaque fois que je dois rencontrer une personne intéressante, mon premier réflexe est de la « Googliser » : scruter son profil LinkedIn, lire ses posts, écouter ses interviews, etc., de manière à la connaître le mieux possible et à préparer la façon dont je m'adresserai à elle. Je suis un vrai caméléon dans ce domaine : je peux discuter avec des gens qui viennent de milieux très différents, en adoptant les bons éléments de langage et en adaptant mon discours en fonction de mes interlocuteurs. Tout cela pour que l'échange soit fluide et qu'on puisse se comprendre. C'est un vrai plaisir pour moi. Si aujourd'hui je suis en mesure de parler avec des gars qui sortent d'HEC, c'est parce que je me suis intéressé à leur monde et que j'ai cherché à comprendre leur fonctionnement. Aujourd'hui, c'est eux qui me demandent de leur expliquer comment j'ai réussi à faire tout ce chemin sans avoir suivi le cursus adéquat !

Il faut savoir que les mots qu'on prononce sont évidemment importants, mais que toute l'attitude qu'il y a autour compte aussi énormément. C'est ce qu'on appelle le langage corporel. Je suis connu pour être quelqu'un de souriant, toujours de bonne humeur, mais c'est aussi une démarche volontaire : j'essaye vraiment d'apporter une aura positive, de dégager une forme d'énergie sympathique, pour qu'on ait envie d'échanger avec moi quelle que soit la situation. Comme vous l'a raconté Fatiha, de son côté elle a également beaucoup travaillé, elle s'est fait violence, elle a pris des cours, elle s'est entraînée devant un miroir, pour qu'on puisse faire ensemble des interventions en mode « ping-pong » devant des milliers de personnes. Être à l'aise dans son expression orale et corporelle, c'est du boulot !

Tout cela a été payant puisque nous sommes sortis vainqueurs de ce Marathon Pitch. Dans la foulée, notre entreprise a été mise en lumière par Raphaëlle Duchemin sur Europe 1. L'enregistrement radio avait lieu directement sur le Salon des entrepreneurs, et c'était reparti pour un pitch d'1 minute 30 suivi d'une série d'un jeu de questions-réponses… Une expérience unique qui nous a permis de passer dans une émission avec une grande audience, et surtout de récupérer un bracelet VIP pour se balader librement dans tout le salon !

Comme nous avions remporté le concours, nous étions identifiés par tous les entrepreneurs et participants du salon, un bon moyen d'augmenter facilement son réseau. Et l'accès à l'espace VIP nous a donné l'occasion de faire des rencontres importantes, notamment celles de cadres de la CCI, de journalistes, de start-up en train de devenir des PME qui nous ont partagé leurs expériences, etc.

Le réseau dont nous bénéficions aujourd'hui résulte d'énormément de rencontres qui se sont déroulées lors de rassemblements, salons, concours. Si l'on s'intéresse aux autres et si on s'ouvre à eux, il est assez simple de créer un réseau de qualité. Attention cependant à rester attentif et lucide : plus on avance, moins on dispose de temps. Il faut éviter de trop s'éparpiller, au risque de se laisser phagocyter par des personnes qui pompent votre énergie !

Madjid Yahiaoui,
organisateur du « Marathon Pitch »

J'ai eu le plaisir de rencontrer ce couple de jeunes entrepreneurs lors du Marathon Pitch organisé au Salon des entrepreneurs de Paris en février 2019. Ce jour-là, Raibed a pitché seul, puisque sa femme, installée au premier rang, avait leur bébé dans les bras. Raibed était hyper motivé !

Une minute trente pour convaincre, c'est court : il lui a suffi de raconter leur histoire pour embarquer tout le public. Une grande détermination, une énergie verte et renouvelable, une bonne dose d'audace, un zest d'humour lui ont permis de remporter cette session de pitch !

Ces deux dealers de farine – comme je les appelle – sont devenus en moins de trois ans les nouveaux visages de l'entrepreneuriat français. Leur bonne humeur est communicative et ils ont à cœur aujourd'hui d'embarquer dans leur sillage toute une communauté de nouveaux entrepreneurs pour leur faire vivre leur aventure entrepreneuriale et les encourager à franchir le pas avec ambition.

https://lienmini.fr/papetpille9 https://lienmini.fr/papetpille10

Quelques tips de nous à vous !

- On n'a qu'une chance de faire une première bonne impression. C'est pour ça qu'il faut se préparer. Pas de secret, l'entraînement c'est la clé !
- Faites de la projection. Imaginez des scénarios avant de vous rendre à un événement et demandez-vous ce qui pourrait se passer et quel serait votre discours dans telle situation ? Cet exercice vous aidera à disposer d'éléments de langage préparés pour être réactif. Cela n'enlèvera rien à votre spontanéité, mais cela vous aidera à mieux gérer votre stress.
- Pitcher, c'est tout un art ! Renseignez-vous sur la manière de créer un bon pitch, regardez des vidéos, écoutez d'autres pitcheurs, inscrivez-vous à des concours. Et entraînez-vous, filmez-vous, répétez devant vos enfants ou votre chien ! Vous devez être prêt à dégainer à tout moment.
- Les bonnes rencontres sont souvent le fruit du hasard, et les coups de boost n'arrivent pas forcément là où on les attend, donc restez connecté à votre environnement.

10

Le grand chamboulement de la crise sanitaire

Le 23 février 2020, nous avons fait livrer les palettes contenant nos produits dans tous les Franprix qui avaient passé commande, comme prévu. Honorer ces commandes avait été un gros défi pour nous. On était passé d'une fabrication de 5 000 sachets par mois à 10 000, ce qui constituait une énorme augmentation de nos capacités de production. Youpi ! Sauf que le 15 mars 2020, le confinement national était annoncé, pour cause de pandémie.

Bien sûr, les magasins de produits alimentaires sont restés ouverts, mais croyez-vous qu'ils se sont concentrés sur les nouveautés ? Et que dire des clients potentiels : chacun allait faire ses courses à la va-vite en espérant n'être pas contaminé, on touchait le moins de choses possible, et ce n'était franchement pas la bonne ambiance pour vaquer dans les rayons en se laissant séduire par la découverte d'un nouveau produit sympa ! Notre signe distinctif, vous l'avez compris, ce sont les saveurs originales de nos produits, que nous avons longuement travaillées. Pour lancer nos biscuits et les installer en rayon de manière durable, il est indispensable que nous puissions organiser des séances de dégustation pour la clientèle. Mais tout cela était devenu impossible ! Comment stimuler les ventes quand on ne peut plus faire son travail de commercial ?

La panique était telle que les responsables de magasins n'ont pris aucun risque avec de nouvelles marques comme la nôtre. Ils sont restés sur les valeurs sûres, et c'est sans doute aussi ce qu'attendait leur clientèle. Tout le monde s'est affolé quand les rayons de pâtes, de sucre et de farine ont été pris d'assaut. On voyait des gens courir à la recherche de papier toilette, parce que d'autres avaient faits d'énormes stocks dans leurs placards ! L'angoisse générée par la situation a complètement modifié le mode de consommation des gens.

Pour couronner le tout, Fatiha et moi, on est infirmiers. On a donc été réquisitionnés pour aller au front. À ce moment-là Fatiha était en dispo, elle avait obtenu un congé sans solde avec maintien de son poste, c'est une démarche autorisée dans le cadre d'une reconversion professionnelle. De mon côté j'exerçais toujours, mais j'ai dû faire des quantités d'heures sup pour remplacer les absents. Je crois que pendant cette période je n'ai pas dormi plus de quatre heures par nuit.

Nous étions au plus mal car notre chiffre d'affaires était tombé à zéro et notre entreprise était trop récente pour bénéficier des aides de l'État. Nous sommes tombés malades – à peu près comme tout le monde –, nous avions deux enfants en bas âge à la maison, et plus aucune commande. Tout semblait partir en vrille jusqu'à ce qu'une publicité défilant sur Instagram attire notre attention : elle proposait de créer un site e-commerce sur Shopify. La vente en ligne, c'est vrai qu'on ne s'était pas penché plus que ça sur la question. Depuis les débuts de Pap et Pille, notre chiffre d'affaires dépendait uniquement des ventes physiques et des dégustations qu'on organisait en magasin. On s'est dit qu'il y avait sans doute quelque chose à jouer. On ne connaissait rien au e-commerce, mais il était évident que tout le monde s'était mis à faire ses courses en ligne ou en drive, nous les premiers. Alors on a créé notre site le soir-même ! On a fait les photos des produits chez nous pendant que les enfants dormaient. Le lendemain, la boutique Pap et Pille était accessible en ligne ! Plus tard on a fait appel à un développeur pour optimiser le site et améliorer l'expérience utilisateur.

Après ça, Fatiha a eu l'idée de contacter au culot quelques célébrités sur Instagram en leur pitchant notre histoire et en leur proposant de leur envoyer nos biscuits. On a choisi des personnalités influentes et crédibles, dont on savait qu'elles étaient proches de leur communauté. On a tenté le coup, avec un message privé très sincère :

> *Bonjour, nous sommes deux infirmiers qui ont tout sacrifié pour créer une petite fabrique de biscuits made in France. La crise a fait qu'on a dû abandonner notre entreprise pour retourner au front. Là nous allons tout perdre, est-ce que vous pouvez nous aider en goûtant nos produits et en faisant part sincèrement de votre avis à votre communauté ? Merci et prenez soin de vous !*

On ne s'attendait pas à grand-chose et le résultat a dépassé tout ce qu'on pouvait imaginer : 70 % des personnes contactées nous ont répondu dans la journée en nous disant qu'elles étaient OK. Parmi eux, l'animateur Arthur, l'actrice Vanessa Demouy, l'humoriste Manu Payet, l'animateur de télé Moundir, qui se sont mis à soutenir notre marque publiquement ! Vanessa Demouy a posté une story sur son compte Instagram après avoir goûté nos billes de biscuits, et dans la foulée on a enregistré 5 000 € de ventes en ligne. Manu Payet a parlé de nous à la radio et grâce à lui notre visibilité a été boostée. Moundir nous a téléphoné pendant deux heures pour savoir qui on était ; il est d'emblée devenu un ami et un mentor. Il prend du temps régulièrement pour échanger et nous donner de l'énergie. Aucun d'entre eux n'a demandé à être payé. Ils ont simplement goûté les produits et partagé leur avis. Grâce à eux, notre business est reparti et les ventes en ligne ont décollé. C'est ce qui nous a sauvés !

Vanessa Demouy,
actrice

Difficile d'expliquer ce qui m'a le plus touchée dans le message de Fatiha et Raibed… Leur honnêteté ou leur spontanéité ?

Quoi qu'il en soit, ce message a résonné en moi, certainement parce qu'il faisait écho à ma propre histoire, ou plutôt à l'histoire entrepreneuriale de mes parents…

Voir ce jeune couple d'entrepreneurs se battre pour faire exister leur projet avec autant d'audace et d'ardeur dans un contexte si compliqué et anxiogène m'a émue. J'ai testé leurs petites billes gourmandes en famille et ça a été un franc succès !

Essayer de les faire connaître au plus grand nombre avec mes petits moyens m'est apparu comme une évidence… et c'est là qu'on se dit « vive les réseaux sociaux » !

Que de chemin parcouru depuis ce premier message reçu ! Je suis très heureuse de savoir que grâce à ma petite mise en lumière sur leur projet , j'ai permis à Fatiha et Raibed d'oser rêver encore plus loin, plus grand !

Mais surtout bravo à eux de n'avoir jamais cessé d'y croire !

https://lienmini.fr/papetpille11

Quelques tips de nous à vous !

- Rien ne se passe jamais comme prévu et les difficultés sont inévitables. C'est votre capacité à réagir face aux galères qui fera de vous un bon entrepreneur. C'est une définition de la résilience...
- Quand rien ne va plus, il faut rester à l'affût de toutes les pistes qui permettent de rebondir. Il faut tester, car l'immobilisme n'ouvre aucune porte et baisser les bras est rarement la bonne solution.
- Si vous ne demandez rien, la réponse sera non ! Vous ne risquez rien à réclamer un coup de main aux gens, si c'est fait simplement et sans pression. La plupart sont bienveillants et les autres ne vous répondront pas, c'est tout.
- L'influence sincère a une puissance folle. Les personnes vont parler spontanément et avec leurs propres mots d'une découverte. Pas de code promo, c'est un témoignage engagé. C'est ce genre d'influence qui est aujourd'hui le plus sain, car il s'agit d'un échange non intéressé qui vous apportera de la crédibilité.
- Une fois de plus, les réseaux sociaux et la justesse du message que nous avons fait passer nous ont permis d'élargir notre entourage à des personnalités qui ont elles aussi une expérience entrepreneuriale et sont enclines à la partager avec nous.

11

Besoin de cash : comment faire ?

Dans la foulée de notre exploration de LinkedIn, on a découvert que les journalistes avaient eux aussi des comptes LinkedIn souvent très actifs. On a donc essayé l'abonnement à la version Premium – qui permet de parler à tout le monde sans devoir attendre que ces personnes vous acceptent dans leur réseau – avec le premier mois gratuit, pour voir si cela valait le coup.

On a préparé un communiqué de presse, qui expliquait ce qu'on était en train de vivre et ce qu'on avait déjà réussi à faire. Il était illustré de ces petits dessins nous représentant, montrant les différentes étapes de développement de notre projet d'une manière sympathique et ludique. Notre idée, en touchant la presse et les médias, était d'attirer ainsi l'attention des investisseurs, afin de déclencher notre première levée de fonds pour continuer à vivre, car il n'y avait plus du tout de cash dans nos caisses…

On adore regarder les reportages qui parlent de food, mais aussi les émissions de business, et à force de décrypter les génériques de fin, on connaît le nom de tous les journalistes ! On a simplement relevé leurs noms pour entrer en contact avec eux sur LinkedIn. On a envoyé un message personnel à chacun (au moins une cinquantaine), en y joignant un lien vers notre communiqué de presse placé sur Dropbox.

Notre message d'invitation était vraiment très simple, à notre image :

> *Bonjour Mme Goumot,*
> *Je me présente, je suis le directeur général de Pap et Pille, une marque fondée par mon épouse et moi-même… J'aimerais beaucoup avoir la possibilité de vous raconter notre histoire entrepreneuriale et les innovations que nous proposons.*
> *Voici un lien avec plusieurs informations nous concernant.*

C'est ainsi que Lorraine Goumot a présenté notre entreprise comme « la pépite », dans l'émission Good Morning Business de la matinale de BFM Business. Nous étions alors distribués dans 250 magasins en France, notre ligne de production avait été brevetée, l'objectif était de trouver des investisseurs et des spécialistes en retail. Comme j'étais invité sur le plateau, j'en ai profité pour faire passer l'info !

Mais le meilleur, c'est que pendant l'émission, Lorraine Goumot a lancé : « Il devrait rencontrer Anthony Bourbon, chez Feed ! » Sa remarque est passée inaperçue sur le moment, mais elle n'était pas tombée dans l'oreille d'un sourd. J'avais entendu dire qu'Anthony Bourbon aimait bien les histoires comme la nôtre et qu'il investissait dans des sociétés. En sortant du plateau, j'ai insisté (vous me connaissez, lol) pour obtenir son numéro de portable. Et (vous me connaissez, bis) je lui ai immédiatement envoyé un message pour lui proposer de le rencontrer avant de rentrer à Annecy le lendemain. Tant qu'à être à Paris, autant optimiser le déplacement !

> *Bonjour M. Bourbon,*
> *Je suis Raibed Tahri de l'entreprise Pap et Pille. Avec ma femme on a créé cette entreprise en fonds propres parce que personne ne croyait en nous. On a besoin de l'avis d'un spécialiste de la food comme vous sur notre business model et plus si affinités.*
> *Auriez-vous 15 minutes à m'accorder ?*

Le lendemain, il ne m'avait toujours pas répondu. Alors je l'ai carrément appelé. Et là, il a décroché à la première sonnerie en me posant directement cette question bizarre : « C'est Chronopost ? » J'avoue que là, il y a eu comme un petit blanc pendant quelques secondes. Mais… que croyez-vous que j'aie fait ? J'ai répondu du tac au tac : « Oui oui, c'est Chronopost, j'ai bien votre numéro de téléphone sur le colis mais l'adresse s'est effacée… Pouvez-vous me l'indiquer ? » Anthony m'a donné sans sourciller l'adresse où le trouver, et je m'y suis rendu de ce pas, avec sous le bras, évidemment, un colis… de Pap et Pille.

Bien sûr, je me fais intercepter à l'accueil, on me demande de laisser le colis, qui sera transmis ensuite. J'insiste en disant que je dois le remettre en main propre, que c'est une remise « contre signature »… Bref n'importe quoi, mais ça passe ! Quelqu'un va chercher Anthony Bourbon. Là, je vis quelques minutes de stress intense à attendre qu'il arrive, sans savoir comment il va prendre les choses. Il va peut-être m'envoyer bouler, m'engueuler parce que je ne suis pas Chronopost ?

Dès qu'il arrive, je lui tends le paquet et il comprend en le voyant que ce n'est pas Chronopost. Alors je me lance dans mon pitch, lui disant quelques mots sur Pap et Pille, sur le fait qu'un échange avec lui nous apporterait beaucoup, que je dois reprendre la route tout à l'heure pour rentrer à Annecy… Il m'écoute tranquillement et il répond : « Bon, là je suis en rendez-vous mais attends ici trente minutes si tu veux, je termine et on en parle cinq minutes ensuite. » Puis il s'en va en demandant : « Tu veux un verre d'eau ou autre chose ? »

« Non merci… » Je m'assois dans la salle d'attente, les jambes sciées : ouf, il ne m'a pas remballé… et maintenant, à moi de me montrer convaincant rapidement pour lui prouver qu'il n'a pas eu tort d'accepter de me recevoir à l'improviste. Dans ma tête, ça tourne en boucle ! Je préviens Fatiha, qui m'aide à me détendre et à me préparer.

Finalement, j'ai pu discuter 15 minutes ce jour-là avec lui, j'ai appelé Fatiha sur WhatsApp pour la lui présenter, et à la fin du rendez-vous, je lui ai demandé si je pouvais filmer son ressenti. C'est là qu'il m'a dit, devant mon smartphone qui filmait la scène : « Je trouve ça cool que des profils comme le tien viennent entreprendre. T'as été audacieux, courageux, t'as un peu forcé le rendez-vous… C'est une belle marque, une belle histoire, j'aime bien ce qu'il y a derrière. On va faire en sorte que ça rayonne et qu'elle soit rapidement connue en France. »

À la fin du rendez-vous, Anthony s'est levé, m'a serré la main et m'a annoncé que notre levée de fonds était terminée. Il m'a fait un chèque de 300 000 €.

Anthony Bourbon,
fondateur de Feed

L'ascenseur social est en panne. Démoli, même. L'écosystème start-up est un concentré d'inégalités à tous les niveaux. Le plus dur, c'est déjà de commencer. Avoir l'idée et le culot de créer un projet sans être sorti d'une école de commerce ou sans avoir un guide paraît tellement compliqué qu'en général, on ne se lance pas.

Les entrepreneurs qui se sont jetés à l'eau le disent : le plus dur, c'est la ligne de départ. Heureusement, on ne s'en rend pas compte tout de suite, sinon on ne partirait jamais. Alors on se lance dans l'inconnu, on découvre qu'il est effrayant, mais une fois qu'on y est, trop tard, il faut aller au bout. On avance pas à pas. On esquive les obstacles.

Raibed et Fatiha sont un message d'espoir envoyé à tous ceux qui rêvent d'entreprendre. C'est exactement le genre d'histoire que j'aime, et je m'étais promis de les aider à en faire une réussite. Pas par bonté d'âme, mais parce qu'ils ont une énergie incroyable et une audace sans limite.

Ils ont toujours la même volonté, mais ils ont appris, évolué, pivoté et été capables de se réinventer constamment.

Raibed, Fatiha, continuez d'inspirer les gens et montrez à tous qu'avec du travail, de la détermination, de la patience et de la résilience, il est possible de forcer son destin ! »

https://lienmini.fr/papetpille12

Quelques tips de nous à vous !

- Osez, rien n'est impossible ! Il faut avoir un état d'esprit conquérant et sans limites (respectez la loi, quand même). Il y a tellement de concurrence, de sollicitations, que c'est votre différence qui vous démarquera des autres.
- Chaque fois que vous le pouvez, évadez-vous du mécanisme conventionnel de la prise de rendez-vous. Osez agir différemment pour vous distinguer mais aussi saisir l'opportunité au vol.
- Un investisseur ne mise pas seulement sur une entreprise, il investit surtout sur des fondateurs qui sont passionnés et engagés. Votre objectif est de lui montrer que son investissement est sûr et que vous ferez votre maximum pour qu'il le multiplie.
- Montrez votre détermination à mettre tout en œuvre pour développer votre entreprise. Cela demande d'être toujours connecté à ce qui se passe sur le moment.
- Soyez attentif à votre attitude. Vous devez être convaincu de votre légitimité dans la situation. Si vous ne doutez pas de ce que vous dites, personne ne se posera la question de votre légitimité et vous parviendrez à contourner les barrières « de sécurité » pour atteindre vos interlocuteurs.

12

On redevient stagiaires...

Suite à ce super rendez-vous obtenu « au culot », Anthony Bourbon a non seulement investi dans notre entreprise, mais il nous a présenté Mélanie Der et toute l'équipe de Feed, nous invitant à venir quand on voulait dans ses bureaux pour discuter avec ses collaborateurs, leur poser des questions, leur demander des conseils. On a sauté sur l'occasion, et cela s'est transformé en un stage immersif de six mois qui nous a permis de restructurer complètement Pap et Pille. Ressources humaines, *supply chain*, marketing, comptabilité : on a tout appris chez eux, ils ont été incroyables de bienveillance et de patience pour nous enseigner parfois le b.a.-ba (ben oui, il y avait des trucs qu'on ne savait pas... mais vraiment pas du tout !).

Il a fallu libérer du temps pour cet apprentissage absolument nécessaire, alors les grands-parents ont pris le relais pour s'occuper de nos deux filles, Fatiha est restée en disponibilité et j'ai posé des jours de congé. Fatiha se rendait chez Feed trois jours par semaine et moi deux. Et bien sûr, on continuait de gérer les commandes et le développement de Pap et Pille pendant cette formation accélérée.

Voici les quelques aspects sur lesquels nous nous sommes penchés en particulier pendant ces six mois :

- l'organisation de l'entreprise : les rôles et missions de chacun, la structure RH de la boîte ;
- la mise en place d'outils : planning organisationnel, rétroplanning, réunion de fonctionnement, utilisation de CRM ;
- le plan d'action pour toucher les grandes surfaces : mise en place d'un réseau retail et d'une stratégie de terrain ;
- la mise en lien avec des logisticiens : optimisation de la chaîne de livraison, de la facturation et des stocks ;
- l'optimisation des coûts de fonctionnement ;
- la mise en place d'une stratégie online pour la promotion de nos produits.

Cette période intense nous a permis de vraiment nous professionnaliser. À l'issue de ces six mois, notre entreprise était beaucoup mieux structurée et nous étions désormais prêts à nous attaquer au marché national !

On a également saisi cette occasion pour repenser les bases de notre organisation personnelle. Sur ce sujet, on vous conseille les articles et vidéos disponibles sur le site de David Laroche, qui est CEO de Paradox, coach de top performers et conseiller de dirigeants. Il est très important de réfléchir à la question de l'investissement que l'on met dans son travail, confronté à celui que l'on met dans sa famille… et de trouver le juste équilibre dans tout ça. La création d'entreprise, c'est souvent compliqué pour la vie de famille lorsque l'un des deux se lance, mais vous imaginez le bazar quand les deux se lancent ensemble ! Entreprendre, c'est une passion, une aventure dans laquelle tu es obligé de tout donner. Par conséquent, c'est aussi un piège qui peut détruire ta vie personnelle !

Le mauvais pli que nous avions pris dès le départ Fatiha et moi, c'est de tout mélanger… Comme j'étais beaucoup sur le terrain tandis que Fatiha gérait la production et l'administratif, on se voyait très peu. Et quand on se retrouvait enfin tous les deux à la maison, le territoire privé devenait un endroit où partager les sujets liés à l'entreprise et les points à régler. Comme on a pendant longtemps été les deux seuls « employés » de Pap et Pille, la seule personne avec laquelle je pouvais évoquer les problématiques c'était Fatiha, et inversement. On finissait par ne plus parler que de ça ! En plus, il était très compliqué de s'occuper des enfants avec toutes les obligations que nous avions, et dès que nous devions nous rendre ensemble à Paris par exemple, il fallait déscolariser notre fille aînée pour la déposer chez les grands-parents qui n'habitaient pas dans la même région que nous. Pendant ce temps, la distance s'installait insidieusement au sein de notre couple. On oubliait de prendre soin de l'autre, de prévoir des moments pour se reposer, se changer les idées, faire ensemble des choses qui n'ont rien à voir avec le travail mais qui font simplement plaisir.

J'ai envie de partager ici avec vous une petite histoire métaphorique que je trouve très évocatrice : je l'ai entendue dans un discours prononcé par Sundar Pichai, le P.-D.G. de Google. Il citait lui-même Muhtar Kent, l'ancien P.-D.G. de Coca-Cola, qui aurait prononcé ces phrases :

> *« Imaginez que la vie est un jeu de cinq balles avec lesquelles vous jonglez en l'air, en essayant de ne laisser tomber aucune de ces balles. L'une d'entre elles est en caoutchouc, et les autres sont en verre. Les cinq boules sont : travail, famille, santé, amis, âme.*
> *Vous ne tarderez pas à réaliser que le travail est une balle en caoutchouc. Chaque fois que vous tombez, vous sautez à nouveau. Tandis que les autres balles sont en verre. Si l'une d'elles tombe, elle ne reprendra pas sa forme initiale. Elle sera endommagée, meurtrie, fissurée ou même dispersée.*
> *Vous devez en être conscient et vous efforcer de faire ce qui suit : gérez efficacement votre travail pendant les heures de travail, prenez le temps de vous assurer de votre sincérité, accordez le temps nécessaire à votre famille et à vos amis, prenez un repos approprié et prenez soin de votre santé. »*

Pour toutes ces raisons, nous avons décidé de déménager à Lille en juin 2021. On pouvait ainsi se rapprocher de la famille de Fatiha, apporter de la « sécurité » à nos enfants en cessant de leur faire subir notre rythme infernal. On a réalisé que l'entreprise était devenue notre unique priorité et que notre couple avait été vraiment mis à mal. Mais la chance, c'est qu'on est toujours fous amoureux ! Alors on a réussi à trouver comment se rejoindre en dehors du travail, créer des temps réservés à la famille, et surtout poser nos téléphones pour se mettre sur « off » ! Tout cela reste encore délicat aujourd'hui, c'est un point de vigilance sur lequel il faut absolument garder un œil en permanence, car les mauvaises habitudes reviennent dès qu'on a le dos tourné…

Quelques tips de nous à vous !

- Ce qui s'est passé avec Anthony et l'équipe Feed montre qu'un investisseur peut apporter bien plus que de l'argent. On appelle ça de la *smart money*. C'est une chose primordiale lorsque vous cherchez des investisseurs : ne pas penser seulement à l'argent mais aussi aux compétences, au réseau, aux connaissances qu'ils pourront vous apporter.
- Si quelqu'un est prêt à vous transmettre ses connaissances, sautez sur l'occasion. Dans le cadre professionnel, c'est super d'être une éponge ! La transmission est un socle de la société. Tout le monde peut enseigner à son tour sur la base de ses réussites personnelles. Il est important de s'inscrire dans cette dynamique vertueuse.
- N'oubliez jamais que vous avez une vie en dehors de l'entreprise et qu'il faut aussi lui accorder du temps. La recherche de l'équilibre doit guider votre organisation. La vie de famille est un moteur qui nécessite la même rigueur que le travail. Planifiez des temps en famille de la même manière qu'un rendez-vous important. Rien ne pourra vous le faire rater ! C'est une discipline à adopter qui sera bénéfique dans le temps.
- Veillez également à rester bien aligné avec votre conjoint, car la perte de repères et la distance peuvent avoir des conséquences irréversibles, si le point de non-retour est atteint.

Didier Boullery, business angel,
l'un des premiers investisseurs de Pap et Pille

Mon aventure aux côtés de Pap et Pille a débuté quand Didier Barbet, promoteur du Startup Contest Tour, m'a donné le numéro de Raibed. « Ses produits sont carrément addictifs et le gars est aussi excellent pour vendre ses billes de biscuit qu'il est nul en économie et gestion. Ta mission en tant que business angel, si tu l'acceptes, est de propulser la société et ses fondateurs. » Intrigué, j'ai donc appelé Raibed. Aussitôt, son enthousiasme contagieux, son écoute attentive et sa volonté d'apprendre m'ont convaincu.

Parti de zéro, Raibed a tout acquis avec une rapidité déconcertante. En stratégie commerciale, comme tout lui venait spontanément, il cherchait juste formalisation et validation auprès de moi. Toujours à l'écoute, il a vite pris conscience de l'importance d'être bien entouré, demandant conseil pour agir avec discernement.

En février 2020, premier déplacement dans son usine alpine et première rencontre avec Fatiha qui, emmitouflée, empilait des sachets dans des boîtes, les boîtes dans des cartons et les cartons sur des palettes. Là-bas, nous avons parlé argent et levée. Fort d'un pragmatisme chevillé au corps, Raibed a consenti à diviser la valeur de sa société par deux. En parallèle, il a intégré un certain nombre de concepts, parfois déstabilisants ; ainsi, il a compris l'importance de petites souscriptions à son capital associées à une expertise et un réseau précieux. À chaque galère, sans jamais baisser les bras, en trois ans, le couple d'entrepreneurs a tout appris, patiemment, étape par étape, donnant même un cours aux étudiants de l'ESSEC Business School !

L'audace de Raibed m'a toujours ébloui, principalement quand il engageait des démarches aussi inattendues que stupéfiantes. Cette inspiration sans limites, c'est sa marque de fabrique, celle que tous les entrepreneurs et clients apprécient. De toute ma carrière, je n'ai jamais rencontré une telle opiniâtreté. Si Raibed disposait d'un potentiel exceptionnel, il a su l'exploiter avec brio, porté par le soutien indéfectible de sa femme tout aussi talentueuse et volontaire.

Les valeurs de ce couple (travail, partage, gentillesse et amour) imposent le respect et suscitent simplement l'envie de les accompagner, parce que, fondamentalement, ils le méritent.

Aujourd'hui, Raibed et Fatiha désirent transmettre leur expérience aux entrepreneurs de demain. Parce qu'ils ont tout enduré, et, surtout, tout surmonté, leurs compétences valent largement tous les diplômes.

L'aventure de Pap et Pille ne fait que commencer… Fatiha et Raibed, ne lâchez rien !

LE REGARD DE FATIHA

« Comment Raibed a failli rater la naissance de notre deuxième fille… »

Puisque Raibed a abordé la question de l'équilibre entre vie professionnelle et vie personnelle, je vous propose d'en rajouter une petite couche… (c'est le cas de le dire). Je vous parle d'un moment où l'entreprise a commencé à exploser en termes de diffusion : Franprix venait de nous élire « Innovation ». Du coup, il fallait produire énormément et se déplacer pour installer les produits en magasin. Raibed se rendait souvent à Lyon pour mettre en place du mobilier rempli de Pap et Pille et organiser des dégustations pour stimuler les ventes. J'arrivais au terme de ma deuxième grossesse, et un magasin lui avait mis la pression car c'était un week-end de grosse affluence. Comme Lyon se situait à 1 h 45 de route de chez nous, il m'a dit : « Je vais y aller, et si tu as le moindre problème, je fais demi-tour pour te rejoindre. »
Raibed arrive dans le magasin, installe sa petite table de dégustation et commence à papoter avec les clients. Une demi-heure plus tard, je perds les eaux. Je suis seule à la maison avec Safia, notre fille aînée, et je n'ai pas de famille

dans les environs. J'appelle Raibed, mais il ne répond pas ! Panique à bord. Quand il me rappelle cinq minutes plus tard, je lui crie : « Elle arrive ! » Mais lui, comme il a la tête dans le guidon, il me demande : « Qui est-ce qui arrive ? » Alors là j'ai été très claire : « Bouge ton cul ! Ta fille arrive ! » Je suis allée voir la voisine pour lui faire part de la situation et lui demander de garder Safia. Elle a été adorable et m'a accompagnée jusqu'à l'hôpital. Pendant ce temps, Raibed faisait le chemin inverse en pleurant. Il venait de prendre conscience qu'avec sa décision de partir quand même, de s'investir dans l'entreprise coûte que coûte, il allait peut-être rater l'un des plus beaux jours de sa vie.

Je suis arrivée à l'hôpital à 17 h et notre fille est née à 3 h du matin. Raibed a pu arriver à temps, et pour la première fois depuis longtemps, nous avons eu un vrai moment tranquille, où il n'y avait rien d'autre à faire qu'attendre. On s'est retrouvés tous les deux isolés dans une chambre, à pouvoir parler et échanger. On a évoqué le fait qu'une distance s'était installée entre nous, parce que tout tournait autour de l'entreprise. On a réussi à se dire qu'il fallait mettre des choses en place pour éviter que notre couple se déchire. Pendant les quatre jours qui ont suivi, j'ai retrouvé un mari attentionné, qui consacrait tout son temps à sa famille. Cela a été un vrai moment de respiration et de prise de conscience.

Je pense qu'aujourd'hui nous sommes bien mieux équilibrés dans nos investissements. Mais tout cela demande de faire des réglages permanents. L'entreprenariat est tellement prenant qu'insidieusement il dévore ta vie privée et qu'un fossé sentimental peut se créer. Même notre vie sociale tourne autour du business. Notre entourage est essentiellement composé d'entrepreneurs avec lesquels, forcément, nous parlons boulot. Et côté émotions, on oscille sans cesse entre des moments d'abattement et des moments d'exaltation. C'est épuisant ! On ne sait plus vraiment profiter d'autre chose que Pap et Pille, et dès qu'on s'autorise une activité de loisir, on a l'impression de perdre du temps tellement il nous reste de choses à faire. Dans ce cas, il faut absolument s'imposer une cure de désintoxication !

13

Monoprix : un clash suivi d'un accord gagnant

Puisque notre entreprise était maintenant bien structurée, avec une base solide, on a commencé à accélérer le référencement. De septembre 2020 à mars 2021, on a fourni un travail intensif focalisé sur ce point.

Cela faisait déjà plusieurs mois qu'on essayait à tour de rôle de contacter le responsable des achats de Monoprix, une enseigne qui nous semblait parfaitement adaptée à notre positionnement et au public visé par nos produits. On a envoyé des mails, des box contenant des échantillons de produits, on a essayé LinkedIn mais rien n'y faisait, personne ne daignait nous répondre. À ce moment-là, nous avions décidé avec Fatiha de préparer des petits colis et de les déposer directement au siège des enseignes qui nous intéressaient, en se filmant à chaque fois pour pouvoir communiquer sur nos actions. J'ai donc profité d'un passage à Paris pour me rendre directement au siège de Monoprix.

Une fois dans le hall, je me suis rendu compte que les personnes de l'accueil, mais aussi les vigiles, étaient tous très sympathiques, j'ai donc organisé pour eux une « dégustation sauvage ». Tout le monde a adoré, ils se sont montrés très réceptifs aux produits et nous passions un bon moment, que j'ai filmé pour capturer ces émotions positives. J'ai fait un rapide montage vidéo que j'ai immédiatement diffusé sur LinkedIn. Bien sûr, j'ai tagué tous les responsables de chez Monoprix pour qu'ils regardent la vidéo…

Deux heures après la diffusion, une responsable de Monoprix me téléphonait. Mais ce n'était pas pour passer commande. Elle n'y est pas allée par quatre chemins : « Vous utilisez des techniques de voyous, venir au siège sans autorisation et filmer est illégal ! Votre manière de faire, mettre une pression sur nos équipes qui sont déjà sursollicitées, est inadmissible. » Sans que j'aie le temps de m'expliquer ou me défendre, elle a mis fin à la conversation. Et j'ai compris que je venais de me faire blacklister… Nos produits ne seraient JAMAIS référencés chez Monoprix.

Après quelques échanges avec Fatiha et un temps de réflexion, j'ai décidé d'envoyer un bouquet de fleurs à cette personne au siège, à son nom, avec un petit mot d'accompagnement dans lequel je lui expliquais que nos intentions n'étaient pas mauvaises, que nous ne connaissions simplement pas tous les codes. Et j'ai terminé par : « Si vous souhaitez qu'on en discute, voici mon numéro. » Ensuite je me suis dit : ça passe ou ça casse… mais au moins j'aurais tenté de rattraper le coup.

Finalement, la responsable m'a rappelé, elle a pris le temps de m'écouter, et cela l'a rassurée. Elle m'a suggéré de faire preuve de patience, et annoncé que ses équipes reviendraient vers nous si elles trouvaient un intérêt à nos produits. Nous n'avons pas eu de nouvelles pendant plus d'un an.

Mais pendant ce laps de temps, nous avions rencontré Anthony Bourbon, et cela changeait tout. Quand je lui ai parlé de Monoprix en lui montrant la vidéo de la dégustation sauvage, il a trouvé que c'était une super idée, exactement ce qu'il faut faire pour se démarquer face à la concurrence. En juin 2021, il nous a directement présentés à la direction de Monoprix, dont les responsables avaient changé entre-temps. Cette réunion s'est tenue en visioconférence. Nous l'avions préparée de manière à pouvoir raconter notre histoire. Nous avions fait envoyer des produits pour que nos interlocuteurs puissent les déguster pendant notre pitch, et surtout nous leur avons présenté un plan média et de communication pour accompagner ce projet d'implantation chez Monoprix.

Ce qui a fonctionné lors de ce rendez-vous, c'est qu'au-delà de l'histoire de la marque, nos interlocuteurs ont perçu notre professionnalisme et notre envie d'accompagner le produit sur le terrain. Notre storytelling peut laisser penser que nous sommes des amateurs, or nous nous sommes attachés à mettre en place des outils professionnels et nous veillons à adapter notre discours aux interlocuteurs qui nous font face. Nous avons enfin eu l'occasion de rencontrer chez Monoprix des responsables totalement réceptifs à notre histoire entrepreneuriale et à l'originalité de nos billes de biscuits. Ils en ont repéré le potentiel commercial et ont décidé de nous référencer dans plus de 235 magasins en un rendez-vous qui a duré seulement 30 minutes !

Le directeur des achats a tellement apprécié notre histoire qu'il a tenu à ce que l'on rencontre le P.-D.G. du groupe, Jean-Paul Mochet. Je n'ai pas saisi tout de suite quelle était son intention, je lui ai donc simplement posé la question. Il m'a expliqué qu'un lancement produit comme le nôtre devait être accompagné d'une présence visuelle sur des écrans, sur de l'affichage, et que cela avait un coût. Puisqu'une petite entreprise comme la nôtre ne pourrait pas assumer ces coûts, il faudrait trouver un partenariat gagnant-gagnant pour mettre en place cette communication positive. L'objectif était donc que Fatiha et moi rencontrions le « patron », pour lui raconter qui nous étions et le rallier à notre cause. Le but étant d'obtenir un budget pour le lancement du produit, chose qui se fait généralement pour des marques à fort potentiel.

Le plus incroyable, c'est que cette rencontre qui avait un but « commercial » a débouché sur une histoire d'amitié. Jean-Paul Mochet est non seulement un homme qui a une intelligence produit exceptionnelle, mais c'est aussi un exemple de détermination et de résilience. Son parcours montre qu'il a fait preuve d'obstination pour s'élever socialement et atteindre une des fonctions les plus importantes dans le monde du retail. Je me suis permis de lui montrer la vidéo qui avait fait polémique, il a souri et m'a dit que c'était génial. Quand je lui ai raconté ce qui nous était arrivé à cause de cette vidéo, il m'a répondu : « Des personnes ont la responsabilité de protéger l'image de Monoprix, c'est le cas pour toutes les enseignes, alors il faut faire attention à la manière… » S'il avait vu cette vidéo sans nous connaître, Fatiha et moi, il n'aurait peut-être pas apprécié la chose non plus. Mais maintenant qu'il était au courant de notre histoire, notre parcours, nos motivations, cette vidéo avait du sens et il comprenait la démarche.

À ce moment-là, nous avons compris que notre histoire personnelle devait être mise beaucoup plus en avant, et que les gens devaient faire le lien entre qui nous sommes, et Pap et Pille.

Jean-Paul Mochet,
P.-D.G. de Monoprix

Dans mes fonctions de CEO pour de grandes enseignes de distribution alimentaire, j'ai eu la chance, mais surtout l'envie, de rencontrer un grand nombre d'entrepreneurs, de start-up. Ils viennent, fiers et vaillants, affronter les monstrueuses organisations des achats pour obtenir le Graal absolu… un référencement. Ils sont là, devant une partie de l'équipe dirigeante et de moi-même. Les produits sont là aussi, fruits d'une idée, d'une prise de risque, d'un fort investissement personnel et financier. Il faut maintenant les vendre… C'est l'heure du « pourquoi pas »...

Quelquefois, autour de la table et derrière ces produits, il y a des histoires humaines incroyables, des histoires qui donnent un tout autre sens à la transaction entre les femmes et les hommes présents. Des histoires si fortes qu'elles mouillent les yeux et font battre les cœurs ! C'est exactement ce que j'ai éprouvé ce jour-là, en écoutant Fatiha et Raibed. J'ai entendu de la détermination, de la conviction, du courage, mais surtout de l'amour ! C'est leur moteur, ils s'aiment, ils aiment ce qu'ils font, ils aiment les gens, ils aiment la vie. Je les aime aussi (bon… j'aime aussi leurs biscuits…).

Fatiha, Raibed, vous allez changer le monde…

Ne changez rien ! »

https://lienmini.fr/papetpille13

Quelques tips de nous à vous !

- Oser, c'est bien, mais il y a des limites à ne pas franchir. Vous devez vous renseigner sur les codes de votre profession. Cela vous permettra de vous adapter à vos interlocuteurs. Quand on y va « au culot », il faut donc le faire en connaissance de cause, en ayant bien en tête les codes du milieu, pour savoir « doser » ses actions.
- Forcer les barrières est à double tranchant : cela peut rapidement se retourner contre vous, car même si vos intentions ne sont pas mauvaises, elles peuvent être mal interprétées. Partez du principe que les gens n'ont jamais entendu parler de vous. Donc vous devez dès les premiers mots planter le décor pour les embarquer.
- Se prendre un mur n'est pas une fatalité ! Vous ne devez pas baisser les bras. Analysez la situation, trouvez vos erreurs et assumez-les. Persévérez et repartez au front en adaptant votre discours, mais surtout en ayant une position positive. Transformer le négatif en positif est une technique qui permet de garder sa motivation et travailler sa résilience.

LE REGARD DE FATIHA
« Tout est une question de dosage »

Le problème avec Raibed, c'est que sa passion est... débordante ! Et c'est valable dans tous les domaines. Il est par exemple fan du jeu vidéo *Zelda*. Quand une nouvelle version sort (il y en a une tous les deux ans), il y joue 24 heures sur 24 sans pouvoir s'arrêter, jusqu'à avoir passé tous les niveaux. Ensuite il n'y joue plus pendant deux ans. Autre exemple qui nous ramène à Pap et Pille, nous avons depuis le départ une vision de là où nous souhaitons amener notre entreprise. Tout ce qui se passe aujourd'hui, nous en avions parlé à la toute première agence de communication qui a travaillé avec nous. Je me souviens qu'on nous avait alors un peu pris pour des fous qui se dispersaient trop. Les gens de l'agence ne comprenaient pas du tout nos axes d'engagement. Nous, on savait que Pap et Pille serait plus que des biscuits. Que ce serait une sorte de média tourné vers les autres, car la solidarité entre entrepreneurs faisait partie de nos valeurs. On voulait réaliser une mini-série pour se raconter sous différents angles, provoquer des rencontres, etc. Il a fallu qu'on se batte pour imposer notre vision et ne pas laisser les autres décider de l'avenir de la marque à notre place.
Tous nos coups d'audace et nos valeurs sont aujourd'hui salués, car avec le temps nous avons ancré dans la tête des gens que ce que nous disons correspond à ce que nous sommes réellement. Mais il faut parfois temporiser et canaliser un peu toute cette énergie et y aller « mollo » pour ne pas effrayer au lieu d'attirer ! L'exemple de Monoprix nous a montré les limites et les revers d'une attitude un peu trop... entreprenante !

14

À fond sur le *personal branding*

Pour nous, utiliser ce qu'on appelle le *personal branding*, c'est à la fois développer une stratégie marketing autour de sa propre personne mais aussi raconter l'histoire de l'entreprise comme on le ferait en téléréalité, avec un but commun : faire du business. C'est aussi l'art de produire une « personnification » de l'entreprise. Nous avons rapidement pris conscience que c'était un point clé de notre réussite. Nous avons donc calibré notre communication en fonction de cela, en veillant à être très précis sur qui nous sommes et quelles sont nos motivations, afin que tous nos actes puissent prendre du sens et être bien compris.

Les vidéos postées sur LinkedIn font désormais partie de notre ADN, et nous avons cultivé ce signe distinctif. Tout le monde nous demande : « Mais comment faites-vous pour que les gens acceptent d'être filmés et que cela soit diffusé ensuite ? » En fait, je crois que les gens acceptent parce qu'on a une méthode très « friendly » de les accrocher. On leur pose une question, ils voient très bien qu'on est en train de filmer, on leur demande spontanément leur autorisation pour continuer, et ils nous répondent simplement « face caméra ». Tout se joue dans l'attitude. On a parfois fait des bides, mais c'est aussi ce qui nous a permis d'apprendre et d'adopter la bonne méthode. Nous abordons toujours les gens avec un message positif, c'est ce qui donne vraiment de la force à notre communication.

Après, j'avoue qu'il faut un peu d'entraînement ! Garder son téléphone à la main pour filmer (correctement, si possible !), cela ajoute un stress supplémentaire au moment de pitcher, par exemple. Mais à force de le faire, mon téléphone est devenu l'extension de mon bras ! Je m'en sers très naturellement pour immortaliser chaque moment fort. En même temps, tout cela est toujours très préparé : pour chaque événement, chaque situation, nous essayons avec Fatiha d'envisager les choses en amont – si cela se passe comme ça, que fait-on ? Et si cela se passe plutôt comme ci ? On s'oblige à imaginer certains scénarios, pour avoir un travail d'anticipation. Évidemment cela ne fonctionne pas systématiquement, il y a beaucoup de situations à gérer de manière spontanée. Mais en tout cas le travail, l'expérience, la réflexion en amont permettent de se préparer à des situations même inattendues pour savoir comment réagir d'une manière adéquate.

Le *personal branding* concerne aussi le packaging. En mars 2021, nous avons repensé nos emballages grâce aux intervenants extérieurs qui collaboraient maintenant à notre développement et posaient un regard neuf et réfléchi sur nos produits. Grâce à nos investisseurs, nous avons été en contact avec des professionnels très expérimentés que nous n'aurions pas eu les moyens de payer. Comme ils avaient un intérêt dans l'entreprise, ils nous ont apporté plus que du cash : c'est ce que l'on appelle la *smart monnaie*.

Nous avons pu retravailler la stratégie de marque et l'identité visuelle de Pap et Pille pour mettre en place une identité forte et remarquable. Avant, nous étions comparés à Michel & Augustin, car nous avions créé deux petits personnages qui nous représentaient Fatiha et moi. Pour penser notre nouvelle identité, nous nous sommes concentrés sur la notion de voyage et l'expérience culinaire innovante. Nous avons fait appel à Mathilde Blain, une directrice artistique et brand designer free-lance recommandée par Feed. Il était clair que nos packagings étaient trop enfantins, pas assez pro, et pas franchement tendance. Notre brief de départ cherchait à faire comprendre que chaque biscuit est associé à un pays que nous avons visité, que ces recettes nous ont réellement été transmises par des gens que nous avons rencontrés. C'est ainsi qu'est venue l'idée du hublot, pour représenter le voyage. Puis Mathilde nous a proposé cette couleur vert émeraude, qui donne une unité à tous nos emballages, et garde une couleur commune avec le logo, de manière à ce que l'on reconnaisse bien la marque sur tous les supports. La couleur pastel est ensuite utilisée pour distinguer chaque recette. Et de courts textes sont venus s'inscrire sur chaque paquet de billes pour relater une histoire sur leur origine.

Tout le monde a applaudi ce changement, et surtout, lorsque nous démarchons les clients, le packaging est désormais un élément déclencheur du référencement en magasin.

https://lienmini.fr/papetpille14 https://lienmini.fr/papetpille14-2

Quelques tips de nous à vous !

- La différenciation pour se démarquer de la concurrence passe aussi par le *personal branding*. Nous avons pu accélérer notre référencement et augmenter notre chiffre d'affaires grâce à cette réflexion sur notre image.
- Le *personal branding* se démocratise : vous pouvez l'utiliser même si vous êtes employé. Votre profil LinkedIn devient une représentation de vous sur les réseaux. Ce que vous choisissez de partager, vos réussites comme vos échecs, vont permettre aux autres de vous accorder de la valeur et vous créer des opportunités. C'est un outil qui peut booster votre destin professionnel !
- Accepter de modifier ce que l'on a déjà créé est forcément compliqué, voire frustrant. Mais accorder sa confiance à des acteurs extérieurs qui ont un regard neuf pour améliorer un concept est souvent très bénéfique. Donc ne restez pas buté, n'ayez pas peur du changement. Attention toutefois à bien garder votre identité et vos valeurs. C'est à ce moment-là qu'il faut ressortir votre plateforme de marque et vérifier que vous êtes toujours bien aligné avec l'idée de départ.

15

Qui veut être mon associé ?, l'émission qui a tout changé

Au milieu de tous ces changements pour faire avancer l'entreprise, nous avons eu l'idée de participer à l'émission *Qui veut être mon associé ?*, diffusée sur M6, qui a pour but de mettre en relation des entrepreneurs et des investisseurs. Les candidats sont sélectionnés sur dossier en fonction de la pertinence et de l'intérêt de leur projet après une analyse poussée. Julien Courbet, le présentateur de la saison 1, a déclaré dans une interview qu'ils sont choisis « pour être représentatifs de tous les secteurs d'activité, tous les horizons, tous les âges ». Une fois sélectionnés, ils doivent présenter leur entreprise devant un jury d'investisseurs, dans le but d'obtenir un apport financier précis contre un pourcentage de leur société.

On avait regardé les six épisodes de la première saison début 2020, et on savait que les candidats de la deuxième saison seraient bientôt recrutés. On s'est dit que notre profil pouvait tout à faire séduire les organisateurs. On manquait encore de visibilité, un coup de boost pouvait vraiment nous aider à décoller – pour que l'entreprise devienne rentable, il fallait absolument qu'on fasse du volume – et cette émission nous a semblé une bonne opportunité pour toutes ces raisons.

C'est Moundir qui nous a envoyé un message avec un lien : c'était un post LinkedIn qui annonçait le début du casting de la saison 2. Nous avons donc rempli un dossier en ligne, dans lequel il nous a fallu détailler toutes nos informations financières. Nous avons décidé de ne pas parler de la levée de fonds que nous venions de verrouiller, pensant que cela risquait de nous fermer la porte alors que cette levée de fonds n'était de toute façon pas suffisante par rapport à nos ambitions. Et puis, on se disait que ce serait une bonne surprise pour nos investisseurs si nous étions sélectionnés. Grave erreur !

Nous avons passé sans problème toutes les phases de sélection, puis en avril 2021 la production nous a téléphoné pour nous confirmer que l'enregistrement se ferait dans dix jours. On était super excités ! Mais le lendemain de cette confirmation, c'est Anthony Bourbon qui nous a appelés en nous demandant d'emblée : « C'est vrai que vous participez à *Qui veut être mon associé ?* » On se réjouissait de lui apprendre la nouvelle, alors on s'est exclamés « Oui ! ! ! », tout contents de nous. C'est là qu'il nous a annoncé qu'il faisait partie du jury de l'émission. Et nous, toujours naïfs : « Oh, encore plus génial, on va partager cette aventure ensemble ! » Sauf que les avocats de la production étaient dans le bureau d'Anthony. Il devait signer un document stipulant qu'il n'avait de lien avec aucune des entreprises présentes dans la liste qui venait de lui être transmise. Aïe !

Anthony m'a demandé de contacter la production en urgence pour leur expliquer la situation. Chose que j'ai faite immédiatement, mais malheureusement la production a décidé de nous « recaler » pour cette raison, et nous avons été rayés du programme. Finis, les doux rêves de gloire !

Nous savions qu'une exposition médiatique comme celle-ci nous procurerait un surcroît de notoriété qui était indispensable pour notre entreprise, il ne fallait donc pas lâcher l'affaire si facilement. Réfléchissons, vite ! Il se trouve que j'avais déjà eu l'occasion d'échanger avec Arthur, qui nous avait soutenus pendant la crise sanitaire, et qu'il était le producteur de cette émission. Dans notre réseau, nous avions également Moundir, qui avait utilisé son pouvoir d'influenceur pour nous aider à la même période. Il était depuis devenu une sorte de coach pour nous, il nous suivait de près et nous donnait plein de bons conseils. Je me suis donc empressé de lui raconter ce qui se passait. Moundir a contacté Arthur pour évoquer le problème et défendre notre cause. Comme Arthur avait déjà été touché par notre histoire, il a pensé que ce serait dommage que nous ne figurions pas dans la deuxième saison. Il a appelé la production pour leur demander d'éclaircir la situation sans nous mettre d'office de côté pour ce détail.

Tout cela a pris six jours de discussions et d'allers-retours. Puis la production nous a passé un dernier coup de fil : « Venez dans quatre jours sur le plateau, on enregistre. » Ouf ! Sauvés *in extremis* ! Mais avec toutes ces émotions, et dans l'attente de connaître l'issue des débats, nous n'étions pas prêts du tout. Nous n'avions ni le pitch, ni les tenues adéquates, ni la logistique. Nous avons déposé les enfants en catastrophe chez mes parents, et nous sommes préparés pendant les 72 heures qui nous restaient avant d'arriver sur le plateau.

C'est là qu'est née l'idée des costumes de steward et d'hôtesse de l'air, pour signifier aussitôt la notion de voyage sans avoir à l'expliquer, et donner la tonalité de notre pitch. On est allés chez un costumier pour les louer, on a chiné des éléments de décor comme un globe terrestre et des valises, puis on a filé chez Ikea pour trouver le mobilier nécessaire à la présentation de nos produits, qu'on a installé nous-mêmes sur le plateau. On a même pensé à présenter nos échantillons de dégustation dans des petites valises déposées sur les tables du jury ! Pendant cette préparation, on a été très bien entourés par toute l'équipe de M6, y compris le présentateur Xavier Domergue. On en avait bien besoin parce qu'on était légèrement stressés…

Dix minutes avant notre passage, on nous annonce le nom des investisseurs qui composent le jury. Hop, on fait illico des recherches sur LinkedIn pour savoir un peu à qui on a affaire. C'est maintenant que tout va se jouer ! Dans nos têtes, c'est toute notre vie d'entrepreneurs qui défile en un instant : ce jour où en voyant notre fille manger un popcorn, nous avons eu l'idée de la bille de biscuit ; les banques qui n'ont pas cru en nous ; la vente de notre maison ; la construction de notre usine ; les premières implantations en magasin ; notre élection « Innovation de l'année » chez Franprix ; le Covid qui a failli nous faire mettre la clef sous la porte… L'avenir de Pap et Pille est en jeu ! On a 15 minutes de présentation devant nous pour lui en donner un.

Notre pitch est parfaitement rodé, on a tout calé pour se donner la réplique Fatiha et moi, de manière à rendre notre présentation vivante, sympathique, mais aussi très claire et précise. Nous avons préparé une voix off qui, comme un chef de cabine, accueille nos passagers : « *Bienvenue chez Pap et Pille, sur le vol à destination des saveurs du monde. En cabine pour vous accompagner, Fatiha et Raibed…* » Et c'est parti, on décolle ! Parmi les informations distillées dans notre discours, on propose un investissement de 300 000 € contre 15 % du capital de notre entreprise. « *On a besoin de vous pour nous accompagner dans l'accélération de Pap et Pille…* » Est-ce que cela tentera l'un des membres du jury ?

Après une heure et dix minutes d'échanges, de questions-réponses (dont seules dix-huit minutes seront diffusées), nous obtenons au moment de la conclusion trois « non » pour un « oui » de Marc Simoncini, le fondateur de Meetic, qui ne souhaite cependant pas « y aller » seul. Finalement c'est Jean-Pierre Nadir, le fondateur d'Easyvoyage.com, qui décide de croire en nous et d'investir pour prendre une part dans notre capital. Il nous dira plus tard : « Ce qui me plaît chez Pap et Pille, c'est que c'est une histoire de sympathisants, vous avez réussi à avoir des consommateurs qui sont devenus des ambassadeurs et dans la vie, il y a plus important que réussir : faire que les autres aient envie que vous réussissiez ! »

Comme nous l'espérions, notre participation à l'émission a littéralement boosté la croissance de Pap et Pille. Grâce à l'accompagnement des équipes de M6 et l'investissement de Jean-Pierre Nadir, l'entreprise s'est fortement développée par la suite. Jean-Pierre est un homme du réel, il est dans la vie comme il est à la télévision :

entier, et surtout investi. Disponible à toute heure, il a une analyse du business très large et nous a apporté un énorme réseau. Une très agréable surprise ! C'est avec toute l'équipe présente au board que nous avons amorcé les changements qui allaient accélérer et professionnaliser Pap et Pille. On a monté une nouvelle usine pour assurer une plus grande quantité de production ; Jean-Pierre Nadir nous a ouvert le marché du catering ; nous avons recruté deux personnes en CDI sur le pôle marketing et avons pu donner leur chance à quatre alternants commerciaux de vivre l'aventure et d'apprendre à nos côtés. Notre réseau de distribution s'est déployé à grande échelle : référencement chez Monoprix, Auchan, Casino, Carrefour et même jusqu'à Dubaï ! Nos produits se sont même installés dans des hôtels de luxe. L'émission a également eu un fort impact sur notre visibilité. Après la diffusion, nous avons reçu énormément de sollicitations : invitation sur la chaîne B Smart, participation à des podcasts, couverture d'*ÉcoRéseau Business*, etc. Décollage réussi !

“ Jean-Pierre Nadir,
fondateur d'Easyvoyage.com

Que dire que les gens ne sachent déjà, tellement vous êtes bons en communication ! On suit votre histoire d'entrepreneurs au quotidien. Il y a un attachement qui a rendu la marque empathique. Naturellement les consommateurs s'identifient à vous, à votre parcours, et vous donnez de l'espoir.

Il faut préciser justement que la com' n'est qu'une petite partie de l'activité au quotidien. L'essentiel, c'est l'industrialisation, la qualité produit, la logistique, la distribution, mais aussi les marges et les achats... Bref, derrière le masque de la téléréalité, il y a la gestion des réalités... et vous êtes clairement en passe de devenir de vrais industriels.

Je suis fier de vous et je suis sûr que vous allez y arriver. Je ne doute pas une seconde du bien-fondé de mon investissement chez vous, mais surtout SUR vous !

Vous êtes résilients et combatifs dans la difficulté. Vous dites ce que vous faites et vous faites ce que vous dites. C'est selon moi la clé du succès dans le business, mais aussi dans la vie. ”

https://lienmini.fr/papetpille15 https://lienmini.fr/papetpille16 https://lienmini.fr/papetpille17

Quelques tips de nous à vous !

- Cette anecdote montre bien que disposer d'un réseau peut changer une carrière. En cas de faux pas, votre réseau sera crucial. Il est important d'être entouré de personnes qui ont confiance en vous et sont prêtes à vous soutenir en faisant jouer leur influence. Si Moundir n'avait pas été là pour défendre notre cause, nous n'aurions jamais pu participer à cette émission qui a modifié l'avenir de notre entreprise.
- L'entrepreneuriat, c'est un parcours pendant lequel on plante des graines. Si vous entretenez bien votre jardin, elles finissent par germer. Tout votre travail en amont prend son sens à ce moment-là. Parfois on fait des rencontres dont on pense qu'elles ne serviront à rien… et pourtant, on ne sait jamais ce qu'une personne est capable de nous apporter.
- Un jour, un ami m'a dit : « Pour préparer ton avenir, prépare ton passé. » Soyez attentif à votre attitude et à votre réputation. Le monde du business est petit et tout se sait un jour.
- Il ne faut pas retirer l'émotion de votre projet en réfléchissant uniquement de façon pragmatique. L'émotion, c'est la vie, et c'est ce qui permet aux autres de comprendre qui vous êtes. Un seul conseil : soyez sincère, car comme le dit mon père : « Tu peux jouer un rôle, mais un jour ou l'autre le masque tombe. »

LE REGARD DE FATIHA

« Se découvrir en couverture d'un magazine ! »

Comme tout le monde, il m'est arrivé de regarder les couvertures des magazines en me disant : « Tiens, si cette personne fait la Une, c'est que ce doit être quelqu'un d'important… » Il est vrai que dans notre imaginaire, avoir son portrait dans une revue fait de nous quelqu'un de remarquable. C'est humain, on a tous besoin de reconnaissance et d'être mis en lumière !

Un après-midi, Raibed m'appelle et m'annonce qu'on nous propose de faire la couverture d'un journal. Il s'agit d'Éco-Réseau Business, un mensuel qui décrypte les grands sujets d'actualités économiques, numériques et sociétales au service de l'entrepreneuriat, de l'emploi, de l'innovation et de l'environnement. Un journal qui souhaite se démarquer par son positionnement constructif, son traitement de l'économie parfois « décalé » et son état d'esprit entrepreneurial au sens large du terme.

Sur le moment, je réponds juste : « OK ! »

Un mois plus tard, le numéro sort en kiosque. Mon premier réflexe est de me cacher en allant l'acheter ! Je le retourne même du côté où on ne nous voit pas pour le donner au buraliste avant de payer. Sur la couverture, en pleine page, on est en photo Raibed et moi, dans le même t-shirt blanc, serrant le poing pour montrer notre détermination et notre force d'entreprendre. En gros titre, on peut lire : « Fatiha et Raibed Tahri, fondateurs de Pap et Pille, FAMILY BUSINESS ». Wouah ! Je vous assure que cela m'a fait un sacré effet !

J'ai pris le temps de relire l'article, puis j'ai de nouveau regardé la couverture, et j'ai ressenti une grande fierté. Après tout le mal qu'on s'était donné, cet événement me semblait très important sur le plan personnel. C'était la marque d'une reconnaissance, d'un accomplissement. Je savais qu'en montrant cette revue à mes parents, j'allais les remplir d'une joie énorme. Et en effet, ma mère m'a regardée avec les larmes aux yeux ! Ce moment et ce sentiment m'ont nourrie et rechargée en énergie. Cela confirmait que j'étais sur la bonne voie, et avoir le consentement, la confiance de mes parents était quelque chose de très important pour moi. Cette Une de magazine montrait tout le chemin que nous avions parcouru, mais aussi prouvait à notre entourage qu'il pouvait être rassuré : nos efforts en valaient la peine !

https://lienmini.fr/papetpille20

16

Comment accoster le président de la République

Un jour de septembre 2021, alors que je me trouve dans les allées d'un salon à Paris, Fatiha m'appelle depuis l'usine. Il y avait une panne de machine à cause d'une pièce qui s'était cassée. On était dimanche, il fallait que je contacte l'industriel pour obtenir une pièce neuve en toute urgence, car nos lignes étaient arrêtées et on avait absolument besoin de produire. Quand j'ai réussi à joindre le fournisseur sur WhatsApp, il m'a annoncé qu'il lui faudrait quinze jours pour produire la pièce et nous l'expédier. Quoi ? ! En creusant un peu, j'ai compris que si le délai était si important, c'était parce qu'il se trouvait actuellement bloqué sur son stand au salon Sirha de Lyon, temps fort incontournable du Food Service. Et si je le rejoignais à Lyon ? Il m'a répondu qu'en effet, dessiner ensemble la nouvelle pièce – puisqu'il fallait modifier le mécanisme défaillant – lui ferait gagner énormément de temps. J'ai donc pris la route à 19 h, après une journée déjà exténuante. J'ai fait des haltes sur les aires d'autoroute et suis arrivé à 3 h du matin sur le parking du salon de Lyon. Inutile de chercher une chambre hôtel pour y passer seulement quatre heures : j'ai piqué un petit somme directement dans la voiture.

Au petit matin, en me réveillant, je découvre que je suis entouré de CRS. Je sors immédiatement de la voiture et m'adresse à l'un d'eux : « Excusez-moi, je me suis endormi ici parce que j'attendais l'ouverture du salon, est-ce que cela pose un problème ? » Il me répond : « Non pas de souci, ne vous en faites pas ! » Alors j'enchaîne en lui demandant ce qu'il se passe, et voici sa réponse : « Nous sécurisons la zone, le président de la République arrive. »

Le président de la République ? Oh, tiens donc… Est-ce qu'il n'y aurait pas quelque chose à faire pour saisir l'occasion d'une rencontre ? Je retourne dans la voiture, je me recoiffe, j'enfile un t-shirt Pap et Pille, j'attrape des échantillons et je me dirige vers l'entrée du salon. Une fois entré, je me connecte aux réseaux sociaux du salon, en surveillant la story : je me dis qu'une fois que le président sera là, ce sera forcément posté.

Dans l'attente, je décide de rester concentré sur ma première problématique, qui est de trouver une solution pour obtenir rapidement une pièce de rechange. Je vais à la rencontre du fournisseur sur son stand, nous prenons le temps de concevoir ensemble les modifications qu'il faut apporter à la pièce, il passe en direct la commande à son usine et je le paye aussitôt. Ma problématique est réglée ! Je jette alors un œil à la story : on y voit justement le président en train de faire son entrée dans le salon. En fonction des éléments de décor, j'en déduis qu'il va se diriger vers la grande allée centrale.

Je me rends donc sur les lieux, et je cherche où me poster pour avoir une chance d'intercepter le président. Le fait qu'il va passer par ici se confirme : l'allée est remplie de personnes appartenant à sa garde rapprochée, reconnaissables à leurs badges. Je repère aussi une personnalité, le chef cuisinier Jérôme Bocuse. Il se tient debout, bras croisés, regardant en direction de la grande porte. Je me dis qu'il sait quelque chose que je ne sais pas ! Je me dirige vers lui et le salue : « Bonjour, je suis Pap et Pille ! » Il me regarde comme si j'étais un ovni, me renvoie un bonjour poli mais ne m'adresse pas la parole. Du genre laisse-moi tranquille, tu vois bien que je suis occupé. Je n'insiste pas mais décide de rester dans les parages. Voilà justement le président qui arrive, une foule s'agglutine autour de lui et il est accompagné d'un autre chef cuisinier : Guillaume Gomez, qui exerce au palais de l'Élysée depuis 1997 au service des présidents de la République.

Petit aparté : quatre semaines auparavant, nous nous étions rendus au salon Taste of Paris, sur lequel nous avions eu l'occasion de rencontrer Guillaume Gomez, accompagné de Clément Beaune qui était secrétaire d'État. Il nous connaissait déjà car un an plus tôt, Fatiha lui avait fait parvenir des biscuits à l'Élysée, mais il ne nous avait donné aucune nouvelle. Quand je l'ai vu sur le salon Taste of Paris, je l'ai abordé en plaisantant : « Ce n'est pas très correct de ne pas dire merci quand on vous envoie des biscuits ! » Confus, il s'est excusé et nous a dit qu'il se souvenait de nos produits, puis il a pris le temps de la discussion pour nous connaître un peu mieux.

Mais revenons au Sirha de Lyon. Alors qu'une foule énorme se dirige vers moi, un vigile vient me voir et me pousse un peu pour libérer le passage et faire de l'espace autour de Jérôme Bocuse. Je parviens tout de même à me positionner sur le chemin du président, il est sur le point de passer à un mètre de moi. Alors, ça m'est venu d'un coup. Je l'ai interpellé en lançant cette phrase : « Monsieur le président, vous dites merci à un infirmier qui s'est reconverti en biscuitier ? » Et là, incroyable, il se retourne vers moi et me répond : « Oh ! Une reconversion professionnelle ! »

J'ai vu Guillaume Gomez me fixer du regard, et sourire en se demandant ce que je faisais là. En s'approchant de moi, il m'a confié avoir succinctement glissé à l'oreille du président ce qu'il savait de nous.

Emmanuel Macron m'a laissé lui parler pendant une minute trente, que j'ai utilisée pour me démarquer afin qu'il ne m'oublie pas – vous voyez l'importance d'avoir un pitch tout prêt, au bon format. Je lui ai mis entre les mains une petite boîte de biscuits et donné tous les éléments importants dans un pitch ultra serré : le fait qu'on avait eu une super idée qui commençait à marcher mais que personne ne souhaitait nous soutenir, qu'on avait dû vendre notre maison pour créer notre entreprise… Il m'a écouté et a eu un geste étonnant :

il a posé sa main sur mon épaule et m'a dit : « Bravo, ne lâchez rien, vos sacrifices vont payer, je vais vous aider. » Le président a poursuivi sa route tandis qu'une personne de son équipe venait me demander ma carte de visite. À ce moment-là, honnêtement je me suis dit que c'étaient des paroles en l'air. Qu'il devait dire la même chose à toutes les personnes qu'il croisait.

Je suis rentré à la maison pour rejoindre ma famille. Deux jours plus tard, on recevait un mail de Gaultier Brand-Gazeau, qui était à cette époque conseiller du ministre en charge du Commerce extérieur. Il nous a invités à nous rendre au cabinet de Franck Riester, où nous avons été extrêmement bien reçus. De ce rendez-vous, a découlé une collaboration sur le développement de Pap et Pille à l'export. Le cabinet de Franck Riester a travaillé avec nous, main dans la main, pour nous aider à ouvrir le marché à Dubaï. Il nous a même soutenus financièrement pour que nous puissions exposer au Gulfood, ce qui nous a ouvert des perspectives de marché intéressantes. Nous avons également été accompagnés sur les dossiers de subvention pour participer à différents salons à l'international, mis en lien avec plusieurs autres ministères pour faire avancer certains sujets, débloquer des aides régionales ou nationales, etc. Un vrai plaisir de constater que le président avait tenu parole !

Guillaume Gomez,
chef cuisiner de l'Élysée

« Bien sûr qu'ils vont réussir », c'est exactement ce que je me suis dit lors de ma première rencontre avec Fatiha et Raibed. Ils avaient l'audace de ceux qui osent tout et qui se donnent les moyens d'aller au bout des choses. Je me souviens qu'ils m'ont dit avoir quitté leur job et mis leur maison en gage pour lancer leur entreprise.

Pas de fauteuil confortable ni de soupe tiède. Des embûches, de la persévérance et de la conviction. Je dois avouer que ce ne sont pas les produits mais eux qui m'ont convaincu. Le produit est bon, mais comme beaucoup de bons produits qui sortent chaque année. « On lâche rien », cette phrase est pour eux un mantra !

Bravo Fatiha et Raibed, vous êtes de jeunes entrepreneurs qui font la richesse de notre gastronomie. »

https://lienmini.fr/papetpille21 https://lienmini.fr/papetpille22

Quelques tips de nous à vous !

- Pour saisir les opportunités, il faut être réactif et constamment préparé. Repensez vos pitchs, faites-les évoluer en fonction de votre avancée.
- Une fois de plus, les graines que vous avez plantées peuvent se transformer en fleurs à n'importe quel moment, et produire un effet bien plus incroyable que ce que vous auriez pu imaginer.
- Soyez vous-même, soyez spontané. Les personnalités sont des humains, comme nous. Elles seront sensibles à vos émotions, mais pour cela il faut savoir les exprimer. La plainte n'est pas forcément le bon moyen, en revanche la preuve par l'exemple permettra de montrer à vos interlocuteurs votre détermination et votre investissement.
- Il est utile de faire la différence entre la politique médiatique (les grands discours) et la politique opérationnelle, dont les acteurs sont engagés pour que le pays se développe. C'est avec ces personnes-là, qui sont dans l'ombre, qu'il faut entrer en contact, puisque c'est précisément leur mission.

17

Du hasard, mais pas que !

Un mois plus tard, je me suis rendu au Sandwich & Snack Show, un salon où l'on trouve toutes les nouveautés et tendances du snacking et de la consommation nomade. Je m'étais préparé, j'avais emporté plein de biscuits, des cartes de visite et mon fidèle téléphone pour filmer mes impressions et mes rencontres. Dès que je suis arrivé sur le salon, j'ai commencé mes petites vidéos pour raconter simplement ce que je faisais là et ce que j'espérais.

Quand on est une toute petite équipe, s'offrir un emplacement dans ce type d'événement est beaucoup trop onéreux. C'est également compliqué niveau organisation, parce que si vous êtes seul, vous vous trouvez bloqué sur votre stand à attendre que des gens viennent vous voir, alors qu'il est souvent plus efficace d'aller directement à leur rencontre en se baladant dans les allées. C'est ce que je préfère de mon côté : partir en vadrouille et présenter mes produits dès que j'en ai l'occasion, enchaîner par une discussion avec toutes sortes d'intervenants qui pourraient favoriser mon business, identifier les acheteurs dont j'ai besoin et essayer de décrocher un rendez-vous avec eux. C'est beaucoup plus rentable !

Pendant ce Snack Show, j'ai ainsi croisé un journaliste qui connaît absolument tout le monde dans le « game » : Pascal Perriot. On a discuté produit, développement… et il m'a donné un conseil : se concentrer sur le moment de la consommation du produit. Selon lui, la question à se poser, c'est : « Quand est-ce qu'on mange Pap et Pille, et comment ? » Cela m'a paru lunaire : pour moi un biscuit, ça se met dans la bouche et ça se mange, c'est tout ! Mais il a étayé son argumentation en m'expliquant qu'il est primordial d'éduquer le consommateur sur un produit. Le consommateur est tellement noyé d'informations qu'il a besoin d'identifier un produit sur un moment de consommation précis dans sa journée. Une piste à explorer très sérieusement, car nous n'avions en effet jamais pensé à envisager les choses sous cet angle.

Le deuxième conseil qu'il m'a donné, c'est de rester attentif, parce qu'il y avait dans ce salon des acteurs importants de la grande distribution et du snacking. Il a montré du doigt une personne que je ne connaissais pas – c'était Maxime Buhler : « Tu vois, ce jeune homme a créé Pokawa, ça pourrait être intéressant que tu discutes avec lui pour qu'il t'explique comment travailler ton axe de diffusion snacking. »

Maxime était en train de donner une conférence, j'ai donc attendu qu'il termine, et quand il est descendu de scène, je l'ai interpellé en me présentant rapidement : « Bonjour, tu ne me connais pas, mais moi je te connais ! Je me permets de t'offrir ces produits et te propose de les goûter. Voici ma carte, si tu es intéressé, je te laisse m'appeler. » Et je suis reparti pour continuer à arpenter le salon. Cinq minutes plus tard, mon téléphone a sonné. C'était Maxime qui me demandait si j'étais encore sur le salon. Il m'a proposé de le retrouver dans l'espace VIP pour discuter. Je me suis aussitôt filmé en racontant ce qui se passait, car je sentais que c'était du sérieux ! J'arrive donc dans le carré VIP et là, je découvre l'équipe Pokawa en train de déguster nos produits. Le directeur commercial m'annonce de but en blanc qu'ils vont faire un essai dans tous leurs restaurants. Je suis sonné ! On se met d'accord sur les modalités – mode de livraison, quantité, délais –, on se serre la main et c'était fait. Le rendez-vous avait duré 30 minutes.

J'avais la chance d'être dans le carré VIP, avec des boissons gratuites, des petits fours, j'allais donc en profiter un petit peu. Je me dirige vers le bar, je commande une boisson et commence à grignoter. Sur ma droite, j'aperçois une dame avec un badge autour du cou, sur lequel est inscrit « Amandine Cappon », ainsi que le nom d'une importante enseigne de la grande distribution. J'avale ce que j'ai dans la bouche, je bois mon petit jus de pomme et je l'interpelle gentiment : « Bonjour, je vois que vous représentez une grande enseigne. Faites-vous partie des acheteurs ? » Elle me répond que oui, qu'elle est ici pour trouver de nouveaux produits. Je saisis ma chance et lui demande si elle a cinq minutes pour que je lui présente les nôtres. Elle me répond : « J'en ai trois ! » Qu'à cela ne tienne, il ne m'en faut pas plus. On s'installe dans les fauteuils et je commence à lui expliquer qui nous sommes, je lui présente nos produits, je les lui fais goûter, et pendant ce temps je réalise de petites vidéos pour bien mettre l'ambiance. Nous sommes finalement restés une heure trente ensemble ! À la fin de ce rendez-vous, Amandine m'a serré la main : « On se revoit très vite au siège. » Cinq jours plus tard, nous avons été conviés au siège de cette enseigne à Lille, pour y rencontrer toutes les personnes décisionnaires de la centrale d'achat. Dès ce jour, une relation très particulière s'est nouée avec ce distributeur.

En quelques heures, j'avais donc reçu deux poignées de main qui allaient nous faire avancer d'un grand pas !

Amandine Cappon,
responsable retail

L'histoire de Pap et Pille touche au cœur avec des valeurs comme le courage, l'engagement, l'ouverture et le partage qui définissent à mon sens leurs premiers pas d'entrepreneurs. Étant personnellement autodidacte dans le domaine du commerce, originaire de banlieue et maman d'une tribu recomposée avec quatre enfants, leur histoire me parle et doit également parler à beaucoup de gens.

Quand j'ai été interpellée par Raibed sur le salon où je me trouvais avec ma collègue, nous avons été séduites par le storytelling bien sûr, et surtout par les produits, le travail autour du packaging, et nous nous sommes dit qu'il fallait poursuivre les discussions au siège.

C'est bien le couple énergie et produit qui a capté notre attention.

Le rythme et l'agilité des start-up et des retailers ne sont pas toujours alignés, mais c'est notre rôle de porter un regard bienveillant et critique, de faire des retours objectifs et transparents pour les aider à améliorer leur proposition de valeur. La relation avec un fournisseur n'est pas toujours une affaire de référencement, on peut accompagner, faire preuve de pédagogie et nous-mêmes apprendre de ces nouveaux acteurs.

Les fondateurs de Pap et Pille sont assez uniques aujourd'hui dans le paysage entrepreneurial, par leur appétence à transmettre leurs conseils à ceux qui veulent se lancer, qui n'osent pas. Ils se posent comme des coachs pour leurs pairs. Reste à savoir comment grandira Pap et Pille et quels seront les enseignements à tirer pour ceux qui suivent Raibed et Fatiha ! ”

https://lienmini.fr/papetpille23 https://lienmini.fr/papetpille24 https://lienmini.fr/papetpille25

Quelques tips de nous à vous !

- Votre discours et votre message doivent être calibrés en fonction de vos interlocuteurs. Préparez une grille d'arguments selon les personnes que vous allez interpeller. Vous aurez seulement quelques secondes pour accrocher quelqu'un et lui donner envie de vous accorder un peu de temps.
- Osez interpeller directement les gens, en le faisant avec tact et en leur laissant l'opportunité de vous dire non. Mais même si on vous oppose un refus, ayez une argumentation permettant d'obtenir un autre rendez-vous, ou laissez un échantillon, une carte de visite pour, sait-on jamais, donner l'occasion de revenir vers vous. Mais attention, ne faites pas que donner votre carte, pensez à prendre celle du contact pour travailler votre prospect !
- Les salons sont des lieux privilégiés pour faire du business. Soyez toujours connecté avec ce qui se passe autour de vous, ne faites pas un salon pour vous balader. Que vous soyez exposant ou visiteur, vous devez rester attentif aux opportunités et prêt à parler de vos produits à tout moment, en vous adaptant au temps dont dispose votre interlocuteur.
- Certaines rencontres tiennent du hasard, mais leur transformation dépend de votre préparation et de votre détermination. Vous pouvez savoir qui sera sur un salon en parlant aux vigiles, aux organisateurs ou aux exposants. Menez l'enquête, car l'information est tout autour de vous, elle attend juste que vous veniez la chercher !

18

Nos bureaux chez Wauquiez

L'année 2021, c'est aussi celle où nous avons tous les deux définitivement cessé notre job d'infirmiers. Il avait longtemps été nécessaire de garder cette double activité, car Pap et Pille engouffrait beaucoup d'argent sans en rapporter assez pour que l'on se permette de se salarier. Finalement, le moment est venu de faire un choix, et si nous aimions le métier d'infirmier vers lequel nous étions tous les deux allés par goût du contact avec les autres, le plaisir que nous prenions dans l'entrepreneuriat était tellement évident que cela n'a pas été compliqué de se décider.

Quand on exerce dans le domaine du soin, la relation à l'autre est primordiale. Aucun soin ne peut se faire sans un contact physique, sans une présence, sans écoute. Pour travailler dans ce genre de secteur, il faut développer des aptitudes relationnelles. Nous aimons tous les deux cette proximité avec les gens, et lorsque nous avons voyagé pendant les quatre années qui ont suivi notre rencontre, nous avons spontanément recherché le contact des autochtones – on a dormi chez l'habitant, travaillé sur place dans pas mal de pays, etc. Nous nous sommes rendu compte que nous arrivions ensemble à créer une ambiance propice à l'échange et à la bonne humeur.

Cela s'est très naturellement transposé dans notre manière de vivre l'entrepreneuriat. Être au contact des autres, échanger, favoriser la discussion. D'une certaine manière, nous prolongeons ainsi ce qui nous plaisait tant dans notre premier métier.

Cela tombe bien, car l'un des éléments essentiels de la réussite quand on développe une entreprise, c'est le réseau – en plus de la qualité de produit et de la proposition de valeur, bien sûr. On ne dira jamais assez que c'est en fédérant un réseau autour de soi, en choisissant bien son entourage, que l'on crée une base solide pour soutenir la croissance de l'entreprise. Pour cela, il faut aller à la rencontre des gens, sortir de ses bureaux, sortir de son usine, mettre le nez dehors pour voir ce qui s'y passe.

Toutes nos péripéties nous avaient confirmé que le cœur du business se trouvait essentiellement à Paris. Nous nous y rendions de plus en plus régulièrement, et chaque fois cela accélérait nos affaires. « Nul n'est prophète en son pays », a dit quelqu'un ! Nous avions créé notre première usine à Annecy, mais cela s'avérait finalement compliqué de s'implanter vraiment dans la région. Le nombre de magasins y est assez limité, et les distances kilométriques entre chaque magasin supposent des pertes de temps considérables dès qu'il faut démarcher, mettre en place les produits, etc. En plus de cela, tous les sièges sociaux des acheteurs sont localisés à Paris. Annecy reste une petite ville – rien à voir avec les 10 millions d'habitants de l'agglomération parisienne ! – et notre cible client n'y est guère représentée. À Paris, non seulement il suffit de passer d'un arrondissement à l'autre pour continuer à créer du business, mais il y a beaucoup plus de clients potentiels par magasin. C'est devenu une évidence : nous avions besoin de bureaux à Paris. Mais étant donné les prix pratiqués et la pénurie de locaux disponibles, cela semblait une impasse.

Fatiha a eu l'idée de s'adresser de nouveau aux responsables de la région Auvergne-Rhône-Alpes, et notamment aux équipes de Laurent Wauquiez, pour évoquer la situation. Celles-ci nous ont indiqué qu'elles disposaient de bureaux à Paris, rue de Solférino, et qu'il était possible de nous y accueillir, le temps que nous trouvions autre chose. C'est ainsi qu'ont débuté quatre mois de coworking avec Laurent Wauquiez ! On pouvait se rendre dans ses locaux aussi souvent qu'on le souhaitait et utiliser la salle de réunion pour nos rendez-vous, en respectant simplement certains horaires. Durant ces quatre mois, nous avons créé un vrai lien avec tout le cabinet. Il nous est arrivé plusieurs fois d'y croiser Laurent Wauquiez et de prendre un café avec lui, d'échanger sur le business et d'écouter ses conseils en marketing ! Cela nous a énormément aidés, en nous stabilisant sur Paris, tout en nous laissant le temps d'explorer d'autres possibilités pour nous y fixer. Sortir de notre « base » a en tout cas été une excellente idée. Il aurait sans doute été plus confortable de mettre en place un train-train entre la maison et l'usine, mais comment espérer se développer en se cantonnant à un espace limité ?

Laurent Wauquiez,
président de la région Auvergne-Rhône-Alpes

L'histoire de Pap et Pille, c'est celle d'une formidable aventure entrepreneuriale. Quand ils sont venus m'interpeller sur un salon, j'ai été frappé par ce contraste entre leur motivation, leur énergie et l'absence totale de soutien qu'ils recevaient tant de la part des acteurs publics que des banques.

Voilà deux jeunes qui portent un projet innovant de made in France, qui sont prêts à prendre tous les risques mais qui ne trouvent pas l'appui dont ils ont besoin pour se lancer dans un pays où le CV et les études priment bien trop souvent sur l'audace et le travail. Leur histoire m'a marqué et j'ai tenu à ce que la région soit à leurs côtés et les accompagne tout au long du développement de leur entreprise.

Le résultat est là, aujourd'hui Pap et Pille est en pleine expansion et rencontre un grand succès. C'est une immense fierté pour notre région d'avoir pu les aider à démarrer leur activité. Au-delà d'une réussite individuelle, leur histoire est pour moi porteuse d'un message d'espoir pour l'avenir de notre pays : oui, si l'on croit en nos entrepreneurs et que l'on s'en donne les moyens, il est possible de réussir en France en partant de zéro.

https://lienmini.fr/papetpille26

Quelques tips de nous à vous !

- Les régions sont là pour les entrepreneurs. Elles sont le relais de plusieurs aides pour toutes les phases de développement de votre entreprise. Pour avoir une réponse exhaustive de leur part, il faut arriver avec un explicatif complet de votre entreprise, votre phase de développement, vos besoins, vos ressources, votre business plan. Optimisez votre temps et le leur en ayant un plan d'action et en leur demandant sur quels aspects elles pourraient agir.
- Il existe d'autres organismes comme BPI, Initiative, Réseau Entreprendre, etc., au sein desquels des personnes sont payées pour vous écouter et vous aider !
- Entendre un responsable politique comme Laurent Wauquiez dire : « Si notre pays veut avoir un avenir, il faut que des gens comme vous puissent réussir », ça fait chaud au cœur et ça donne de l'espoir. Il y a la politique de parti et la politique nationale. Laurent Wauquiez est président de région. En cela il représente tous les Français, quelle que soit leur appartenance politique. Vous pouvez faire de même et solliciter le président de votre région, n'oubliez pas qu'il travaille pour vous !
- Cette histoire peut sembler difficile à croire, mais elle est le résultat d'un état d'esprit et d'une manière d'agir. Le champ des possibles est infini, il suffit de s'en convaincre ! N'hésitez pas à annoncer que vous allez faire quelque chose : ainsi vous vous mettrez la pression pour que cela se produise, vous vous bougerez pour ne pas perdre la face. L'échec n'est pas une fatalité, ce n'est qu'une étape. Votre conviction va influer sur le résultat.

19

Recruter : le casse-tête

Free-lance, alternants, CDD ou CDI, quand une entreprise se développe, la question du recrutement se pose forcément. L'année 2021 a été marquée par plusieurs embauches chez Pap et Pille : des employés pour faire tourner les lignes de production, une directrice artistique et une directrice marketing assistée d'un alternant pour les créations visuelles, un autre alternant en motion design et montage vidéo, une personne pour la gestion administrative, des alternants commerciaux, mais aussi la prise de lien en externe avec un cabinet d'experts-comptables pour le côté administratif et juridique et une agence d'acquisition pour nous aider à faire rayonner la marque sur les réseaux et rentabiliser le site de vente en ligne.

Nous avons découvert à cette occasion que recruter du personnel, ça ne s'improvise pas, ça s'apprend ! La première erreur que nous avons faite, c'est de croire que nos employés feraient forcément « partie de la famille ». On engage des gens que l'on ne connaît pas du tout, dont on pense qu'ils vont s'investir comme si c'était leur propre entreprise. Or ce n'est pas leur entreprise. Croire qu'un employé arrivera à être aussi investi que vous est une pure utopie.

Sauf évidemment s'il a un intérêt au capital et que la réussite de l'entreprise vient nourrir sa réussite personnelle…

Il faut donc poser un cadre très clair dès la première embauche. Et ne pas s'amuser à envoyer des messages à n'importe quelle heure à quelqu'un qui travaille pour vous, en espérant qu'il va trouver cela tout à fait normal ! Votre employé dort la nuit, contrairement à vous ! Il n'est pas focalisé en permanence sur le développement de l'entreprise, et c'est dans l'ordre des choses qu'il ne soit pas non plus disponible le dimanche. Moi qui suis tout le temps au taquet, j'ai dû être vigilant sur ce point. Et c'est une bonne chose, car cela oblige à faire soi-même de vraies coupures avec le travail, pour se régénérer et libérer de la bande passante.

La deuxième erreur qu'on a faite, c'est de vouloir une équipe « jeune ». Les contrats en alternance c'est très bien, mais ces personnes sont encore en apprentissage, il est normal qu'elles aient besoin de temps pour se perfectionner. Or une entreprise a besoin dès le départ de personnes expérimentées, qui diffuseront leur savoir-faire et leur expérience à toute l'équipe.

Avant d'engager quelqu'un, il faut également s'interroger sur son état d'esprit, sur ses valeurs même. Une entreprise comme Pap et Pille n'est pas « conventionnelle », nous avons une manière totalement disruptive d'envisager la communication et la présentation du produit, ce que quelqu'un de trop « scolaire » ne comprendra pas forcément. Nous avons régulièrement perdu beaucoup d'énergie à tenter d'expliquer notre vision à l'équipe et en débattre avec elle, alors que nous avons cruellement besoin de personnes qui nous aident à la réaliser !

Et bien sûr, nous avons aussi eu les yeux plus gros que le ventre… en voulant rapidement créer une grosse équipe. Oh, surprise ! La quantité de charges à payer a tout aussi rapidement consommé notre fond de roulement.

Mais surtout, nous n'avions pas pris le temps d'analyser vraiment les profils dans nous avions besoin. Après avoir embauché une directrice de communication, par exemple, je me suis rendu compte que le directeur marketing, c'était moi ! Ce qu'il me fallait, c'était un assistant ou une assistante.

La lecture de *La règle ? Pas de règles !*, le livre de Reed Hastings, cofondateur et président de Netflix (publié en 2022 chez HarperCollins), a été riche en enseignements qui nous ont lancé sur de bonnes pistes pour réfléchir à la cohésion d'équipe. La ligne directrice chez Netflix, c'est de maximiser la densité des talents sans limite de rémunération, de prôner la confiance, la franchise et la transparence, d'éliminer les contrôles (horaires, vacances, frais) pour permettre à chacun de prendre les meilleures décisions et de s'exprimer quel que soit son niveau hiérarchique dans la société, etc.

Le problème est celui du temps qu'il faut consacrer à cela, c'est très chronophage et les employés ne sont pas toujours réceptifs ni engagés dans le process. Mais on a appris « sur le tas » énormément de notions de management, en s'intéressant en particulier aux *success stories* d'autres entrepreneurs et en visionnant des quantités de reportages et documentaires sur la question.

https://lienmini.fr/papetpille27

Quelques tips de nous à vous !

- Prenez le temps d'identifier les profils dont vous avez besoin. C'est fastidieux mais cela vous fera gagner du temps par la suite. Non seulement vous serez clair sur vos attentes, mais la personne que vous recruterez comprendra mieux le poste et pourra vraiment se questionner sur ses compétences. Inventez un défi, un travail commun à tous les candidats qui vous permettra de les juger sur une même base. Ne restez pas focalisé sur le CV, ce sont les personnes qui comptent et leur personnalité. Mais rappelez-vous qu'on ne connaît jamais réellement les gens, c'est dans la difficulté et le conflit que vous saisirez les différents aspects d'une personnalité.
- Une entreprise, ce n'est pas une famille, mais une équipe. Il s'agit de recruter les meilleurs éléments pour constituer la meilleure équipe face à la concurrence. Si un joueur est défaillant, il est tout à fait normal de le remplacer, même si forcément l'émotion entre en jeu... Vous devez conserver une distance professionnelle, utile autant pour vous que pour les employés.
- N'oubliez pas qu'une pomme pourrie peut pourrir tout le panier. Il faut être très attentif, quand on intègre de nouvelles personnes à l'entreprise, au fait qu'elles adhèrent totalement à l'identité de la marque. Si une personne ne se plaît pas dans votre équipe, ou si vous estimez qu'elle nuit au groupe, il ne faut pas hésiter à l'écarter pour le bien du collectif.
- Pousser les gens à la performance, c'est aussi une chose qui s'apprend ! Le vocabulaire choisi, la pédagogie mise en place sont importants. Vous ne pouvez pas être aussi exigeant avec les autres qu'avec vous-même, car vous serez forcément déçu, les employés le sentiront et cela peut à terme créer des tensions. Il faut installer des objectifs réalisables, évalués sur des temps impartis. Tout cela demanderait l'écriture d'un ouvrage entier sur le sujet ! Il en existe heureusement, et les conseils donnés ici sont issus de simples constats.

LE REGARD DE FATIHA

« Paroles, paroles, paroles… »

Raibed et moi, on a clairement la vision de là où nous voulons conduire Pap et Pille. Et nous restons convaincus d'y arriver, sans quoi tout cela serait vain, notre énergie retomberait comme un soufflé ! On a envie d'accomplir de grandes choses mais aussi que ceux qui nous entourent « grandissent » en même temps que nous.

Le problème, c'est que les employés ont peut-être parfois l'impression qu'on passe notre temps à leur faire des promesses. Il se trouve que ces promesses, c'est aussi à nous-mêmes qu'on les fait !

Raibed en particulier se met une pression folle pour atteindre certains objectifs qui serviront l'entreprise et *a fortiori* les employés. Mais lorsqu'il en parle à profusion comme il aime le faire, cela met des attentes dans la tête des gens, qui risquent ensuite de produire des incompréhensions si ces ambitions mettent du temps à se réaliser.

Il faut donc apprendre à s'adapter, à faire attention à ce qu'on dit, parfois se montrer moins enthousiastes pour tempérer les choses, et surtout distinguer les situations dans lesquelles on peut parler librement avec les employés et celles où il vaut mieux rester discret tant que rien n'est concrétisé. Difficile, parfois, de ne pas montrer son excitation, ou à l'inverse sa déception quand les choses ne se déroulent pas comme on le voudrait… Mais il faut protéger son équipe de toutes ces émotions qui peuvent déstabiliser.

20

C'est pour qui, le trophée PME RMC ?

« Les PME sont le symbole de la France qui "se bouge" au quotidien. Devenu le 1er concours des PME de France, les "Trophées PME RMC" récompensent depuis dix ans le travail de ces PME audacieuses qui font bouger la France et contribuent au dynamisme de notre économie. Aujourd'hui, plus de 8 000 candidats ont déjà participé aux Trophées PME RMC. Avec ce concours, RMC met en valeur ces entreprises qui osent, emploient et innovent pour faire briller le savoir-faire français. » Vous venez de lire la présentation du concours Trophées PME organisé par RMC, tel qu'il est décrit sur sa page Facebook.

Des gens qui se bougent, qui osent, qui emploient et innovent pour faire briller le savoir-faire français… C'est tout nous ça, non ?

Et pourtant, notre candidature a été recalée en 2019 parce que notre entreprise était « trop jeune », recalée encore en 2020 pour la même raison. Est-ce qu'il y avait un problème avec notre manière de présenter les choses ? Quand on doit raconter son histoire dans un document écrit, il est très difficile de transmettre la passion que l'on a pour son projet. Autant à l'oral nous ne rencontrons jamais de problème, autant l'écrit ne véhiculait manifestement pas les éléments qui auraient permis de convaincre.

Pour notre troisième candidature, nous avons donc essayé de mettre toutes les chances de notre côté en creusant pour comprendre comment fonctionnait ce concours. Le casting est réalisé par des journalistes business. On a donc retravaillé le document qui racontait pas à pas notre histoire. Puis on a envoyé plusieurs mails aux organisateurs en sollicitant un entretien téléphonique, afin de leur apporter directement les informations supplémentaires qui pouvaient leur manquer. C'est Michel Picot, journaliste économique sur BFM Business, qui nous a contactés pour compléter notre dossier. Encore un hasard – mais comme vous le savez, le monde est petit et « la chance ne sourit qu'aux esprits bien préparés », comme l'a dit Louis Pasteur –, Michel Picot nous connaissait déjà puisque c'est avec lui que nous avions fait l'une de nos premières interviews télévisées, dans son émission *Business Club de France des Entrepreneurs*. Je me souviens que j'avais filmé en amont toute ma préparation pour arriver jusqu'à lui, et qu'il avait adoré cette manière de faire.

https://lienmini.fr/papetpille28

Par la suite, il m'avait donné énormément de conseils. Bref, il avait été marqué par ma prestation et notre fougue d'entrepreneurs, il m'a donc appelé amicalement. Je lui ai fait par téléphone une mise à jour complète de ce que nous avions réalisé depuis la dernière fois que nous l'avions vu. Il ne doutait pas de ma bonne foi, mais il savait que lorsqu'il allait présenter notre dossier en comité, beaucoup de nos anecdotes et de nos histoires sembleraient un peu difficiles à croire. Je lui ai donc préparé un nouveau document contenant des liens vers les vidéos qui illustraient mes propos – exactement comme dans ce livre : la preuve en images ! Michel Picot est rapidement revenu vers moi : cela avait fait mouche et notre candidature était retenue.

Parmi nos concurrents, il y avait des start-up de la Tech, des solutions innovantes, des entreprises un peu plus anciennes. Apparemment, c'est notre « fraîcheur » et le côté généreux de notre communication, nos partages continus sur les réseaux, notre volonté de transmettre notre énergie et nos contacts à d'autres jeunes entrepreneurs, qui ont fait la différence. Le jury a été très touché par notre histoire entrepreneuriale et notre manière d'utiliser le storytelling, documenté par des vidéos dont certaines avaient généré des centaines de milliers de vues.

Nous avons remporté le trophée « Jeune pousse », remis à une entreprise « dirigée par un jeune entrepreneur qui a su transformer une bonne idée en véritable business. Parce qu'une jeune pousse innove, invente, s'investit dans notre économie et créera certainement des emplois demain, ce prix a pour ambition de récompenser l'audace d'un entrepreneur "aventurier" qui ose et se donne tous les moyens de réussir ». Oui, les aventuriers, il n'y a pas de doute c'est bien nous ! À la clé, un chèque de 100 000 € destiné à financer une campagne de pub radio.

Mais au-delà de cette somme, c'est la visibilité et surtout les rencontres générées par ce trophée qui ont été fabuleuses. On avait déjà fédéré Michel Picot, qui est devenu un ami. Il a pris énormément de temps pour nous expliquer les rouages de la presse, provoquer des mises en relation et nous montrer comment bien calibrer notre message en fonction des chaînes avec qui nous échangions. De plus le prix nous a été remis par Antoine De Riedmatten, le président de In Extenso. In Extenso c'est un gros cabinet d'expertise comptable et cette rencontre va être déterminante plus tard dans le livre. Lors la soirée de remise des diplômes au niveau régional, nous avons rencontré Karim Nedjari, le grand patron de RMC. Sa sympathie et sa simplicité nous ont profondément touchés. Tout cela nous a permis de côtoyer pas mal de gens dans la presse et de décrocher d'autres passages télé.

Le lendemain de la remise des prix, nous avons été interviewés dans *Apolline Matin*, la matinale d'Apolline de Malherbe sur RMC. Comme l'a exprimé Fatiha lors de cette interview : « Souvenez-vous d'où l'on vient : nous n'avons pas fait de grande école et au début de cette aventure, personne ne croyait en nous. La remise de ce trophée, c'est pour nous une validation de notre travail. Cela montre que même si l'on vient "du bas" et qu'on ne connaît personne, on peut y arriver grâce au travail et à la résilience. »

On entend souvent des gens dire que si tu ne sors pas d'HEC et que tu ne fais pas partie de l'écosystème, il faut en faire dix fois plus que les autres pour exister. C'est une réalité, mais on ne l'a jamais envisagée comme une difficulté. On se dit que si dès le début on s'habitue à en faire dix fois plus que les autres, alors en arrivant sur le marché du travail on est forcément dix fois plus forts, dix fois plus résilients, dix fois plus courageux que les autres ! Il est inutile et dévalorisant de se placer en victime. Il faut avoir le bon état d'esprit pour transformer ces pénalités en forces. Cela fait partie de notre mindset : même si c'est difficile, il faut aller chercher la force nécessaire et surmonter les embûches.

Michel Picot,
journaliste économique

L'audace est encore payante, et tant mieux ! Dans une société où tout ce que l'on fait est jugé, parfois moqué voire éreinté, faire preuve d'audace devient un exercice complexe. Mais ce jeune couple, que j'ai observé durant quelques mois, m'a bluffé au fil du temps.

Cette peur de ne pas réussir (mal bien français), ils se sont donné les moyens de la retourner, avec beaucoup de talent, d'énergie et d'ingéniosité. Leur parcours est remarquable, ils ont su le raconter sans pathos et démontrer qu'en partant de rien (ou presque), on peut y arriver.

Les réseaux sociaux ? Ils ont su en faire de vrais partenaires.

La communication ? Ils l'ont apprise sur le terrain et ont su garder cette fraîcheur, cette transparence et cette vérité inspirant confiance et sympathie.

Je n'avais jamais rencontré, avant Fatiha et Raibed, de jeunes entrepreneurs aussi déterminés qui nous démontrent que tout est encore possible. Leur audace est un cas d'école réjouissant. Même si la vie d'un entrepreneur n'est pas un long fleuve tranquille, à eux de maîtriser et canaliser cette « audace communicative ».

Ils le font bien. Tant mieux pour eux et pour tous les entrepreneurs audacieux. Osez (pour de vrai) ! »

https://lienmini.fr/papetpille29

Quelques tips de nous à vous !

- Racontez-vous, partagez vos réussites mais aussi vos échecs. Faites-le de manière transparente. C'est ce dont les entrepreneurs et les gens ont besoin. Dans un monde de plus en plus aseptisé, vos émotions seront engageantes. Vos expériences permettront à d'autres d'éviter de commettre les mêmes erreurs que vous.
- Les gens douteront parfois de vous – « on ne croit que ce qu'on voit », car chacun a tendance à grossir les événements pour se rendre intéressant. Alors, donnez des preuves de tout ce que vous racontez !
- Notre initiative de filmer toutes nos péripéties a été un élément déclencheur de certaines situations positives qui

ont accéléré notre business. Cela a surtout contribué à créer le style Pap et Pille que vous connaissez aujourd'hui. Mais ce qui marche pour nous ne marchera pas forcément pour vous. Ce qui fait notre force, c'est la cohérence. Vous devez trouver votre style, votre ton.

- Dès le premier concours auquel vous participez, prenez le temps de rédiger un document très fourni et calibré. Vous le rentabiliserez en le réutilisant pour les concours suivants.
- Si vous êtes invité sur un plateau TV, dites-vous que cela vous donne de la visibilité, certes, mais qu'en échange vous avez apporté du contenu aux journalistes. Il faut donc être décomplexé avec eux. N'hésitez pas à leur demander des conseils ou des contacts. Ils se connaissent tous et ils sont hyper sympas !

LE REGARD DE FATIHA

« Trouver son *sparring partner* »

Moi qui suis de nature discrète, le *personal branding* de Pap et Pille mettait de plus en plus la caméra sur moi… Voilà qui m'a obligée une fois de plus à sortir de ma zone de confort pour gérer plusieurs plateaux TV en direct. Vous l'avez compris, je ne suis pas aussi à l'aise que Raibed dans l'exercice, mais je n'avais pas le choix. J'ai eu l'occasion de passer un moment avec Apolline de Malherbe, une femme brillante, qui n'a bien sûr aucun problème pour prendre la parole. J'ai trouvé qu'elle avait une prestance remarquable. Et pourtant, elle m'a parlé comme si elle était fan de moi ! Elle m'a dit qu'elle admirait notre parcours. Cela m'a beaucoup touchée, mais surtout cela m'a donné confiance.
Le paysage des start-up françaises manque encore cruellement de visages féminins, alors mesdames, prenez la parole ! Et quand vous apparaissez, faites en sorte d'être encore

meilleures que les hommes, car il faut bien cela pour attirer l'attention et la garder…
Dans l'extrait vidéo, on voit que pour une fois je m'exprime aux côtés de Raibed et l'accompagne dans son allocution. Ce petit événement m'a réellement positionnée comme la patronne de Pap et Pille. On a bien perçu mon rôle de soutien, de *sparring partner*. Ma prestation était le résultat d'une longue préparation, d'heures de coaching, de répétitions devant la glace pour travailler mon élocution. C'était payant !
J'aime la comparaison avec la boxe : gagner un match, c'est une bonne préparation, un bon entraînement et une bonne relation entre le coach et le boxeur. C'est l'équilibre que nous avons trouvé avec Raibed. On est là l'un pour l'autre dans les bons comme dans les mauvais moments. L'entrepreneuriat, c'est un ascenseur émotionnel. On vit des moments d'euphorie où on se dit que ça y est, on a percé et que tout va aller pour le mieux ; et le lendemain, survient une énorme difficulté qui fait penser que tout est fini.
Vivre cela seul, c'est dur. Avoir un acolyte permet de tenir et d'avoir une personne qui comprend exactement ce que l'on vit. Si vos amis, votre conjoint ne font pas partie de votre histoire entrepreneuriale, il est important que vous la partagiez quand même avec eux le plus souvent possible. Car la solitude face aux galères que vous allez vivre est le plus difficile à gérer.

21

100 000 € de commandes en 2 heures

En janvier 2022, l'émission *Qui veut être mon associé ?* que nous avions enregistrée neuf mois plus tôt, a été diffusée. Nous avions décidé d'utiliser ce passage chez M6 pour booster notre entreprise, mais nous étions loin d'imaginer l'ouragan qui allait nous tomber dessus !

En amont de la diffusion, nous avons pris rendez-vous chez Monoprix, pour leur annoncer que nous aurions un événement de communication majeur en janvier, et que, pour en profiter, il était primordial que les produits soient disponibles dans un maximum de points de vente. Et surtout qu'ils soient le plus visibles possible ! Les décideurs nous ont fait confiance et ont commandé plus de 250 présentoirs remplis de Pap et Pille. Nous leur avons aussi proposé d'organiser un événement le lendemain de la diffusion afin de donner rendez-vous aux consommateurs pour venir nous rencontrer dans les Monoprix.

Le soir de la diffusion, nous étions devant la télé, calés dans le canapé, en famille… Mais nous ne sommes pas restés longtemps assis, à se tourner les pouces ! La diffusion de notre prestation a créé une vague de commandes immédiate sur notre site de vente en ligne. Dans les deux heures qui ont suivi, on a enregistré le même chiffre d'affaires que sur les trois mois précédents : 100 000 € ! Puis cela a continué : 50 000 € le lendemain, 40 000 € le surlendemain… Le seul mois de janvier nous a permis d'engranger 240 000 € de chiffre d'affaires.

À cette époque, on avait 12 000 followers sur Instagram, et à peu près 900 personnes qui nous suivaient sur LinkedIn. Ce soir-là, nous avons gagné 40 000 followers sur Instagram, plus de 10 000 personnes se sont connectées à notre LinkedIn, et nous avons reçu plus de 10 000 mails d'encouragement, de soutien, de commandes, et autant de messages sur Instagram pour nous soutenir et nous donner de la force.

Tout cela était magique ! Et pourtant, ça a été une vraie galère pour nous.

Première embûche : livrer tous ceux qui avaient acheté en ligne. Nous avions anticipé ce sujet-là et confié la logistique à l'entreprise Bigblue. Des semaines auparavant, nous avions travaillé main dans la main avec William, le patron, et ses équipes pour calibrer au mieux les outils et les techniques qui nous permettraient d'être réactifs face à cet événement. Le gros problème, c'est qu'on n'avait tout simplement pas assez de stock pour fournir les clients. On n'avait vraiment pas prévu un engouement si rapide : on avait deux mois de stock devant nous, et il nous en fallait déjà six pour honorer les commandes qui arrivaient !

Deuxième embûche, qui aurait pu nous coûter très cher : nous avions été convaincus par un industriel de Compiègne de lui confier nos outils de production. Le but était de nous dégager du temps en le laissant produire pour nous. Pour cela, il devait disposer de nos machines, spécifiquement conçues pour réaliser nos billes de biscuits. Nous les lui avons donc prêtées afin de tester sa capacité à produire plus rapidement que nous. Il s'agissait d'un simple arrangement entre deux industriels : il possédait une usine, une infrastructure qui tournait pour d'autres produits, il avait des employés qui géraient les envois, du personnel pour l'administratif, bref tout ce qui nous manquait encore pour pouvoir rentabiliser nos lignes. Il avait prévu de créer de nouveaux emplois pour augmenter sa capacité de production, et cela nous permettait d'augmenter du même coup la nôtre, sans avoir à tout créer nous-mêmes. L'accord était donc le suivant : nous lui fournissions les outils dont il avait besoin pour produire sur place, et de son côté il gérait les commandes de matière, la production, le personnel, la qualité du produit final. Ensuite, il nous livrait les produits, qu'il ne nous restait plus qu'à commercialiser. Nous étions ainsi toujours les propriétaires de nos lignes, donc toujours considérés comme producteurs.

Tout était bien calé, on avait l'impression d'avoir anticipé correctement notre développement. Sauf que l'industriel s'était engagé sur des volumes qu'il n'a pas réussi à tenir. Il produisait trois fois moins que ce dont nous avions besoin. On a donc dû gérer ce moment de crise, en appelant nos clients un par un, en leur envoyant des mails, des cadeaux, des remises afin de faire passer le fait qu'ils allaient recevoir leur commande un mois et demi plus tard… On a affiché un message sur notre site qui disait : « *Vous avez été nombreux à nous soutenir et passer commande, MERCI ! Nous vous informons que nos délais de livraison seront plus longs que prévu, nous nous en excusons par avance et faisons le maximum pour réduire votre attente !* »

Et là, il s'est passé quelque chose d'étonnant. Les gens ont accepté la situation ; ils sont entrés en empathie avec nous. Même les magasins Monoprix, qui ont été en rupture 13 jours après la diffusion sur M6, ont tout de même repassé une commande que nous avons mis plus de deux mois à livrer… Habituellement, on a pour cela des pénalités de retard qui peuvent coûter très cher. Mais Monoprix a attendu, comme tout le monde. Merci !

Il nous est arrivé à cette période de préparer 7 000 colis en 24 h pour notre eshop. Heureusement que Bigblue était là. De ce côté, la logistique a été optimale, avec une équipe d'accompagnement hyper présente ; même le patron a mis la main à la pâte pour nous aider sur les délais. L'application Bigblue est très intuitive : une fois apprivoisée, on peut gérer ses stocks, ses envois et ses commandes de n'importe où. Le seul bémol, c'est le BtoB, il faut disposer de son propre transporteur. Autre intérêt pour nous : comme Bigblue a de gros volumes d'expédition, ils peuvent négocier des tarifs bien plus intéressants avec les plateformes d'envoi.

À cette occasion, on a appris des tas de choses sur le « picking », qui consiste à prélever et rassembler les différents articles dans la quantité spécifiée par la commande, avant l'expédition. On n'y avait pas spécialement réfléchi avant ça, et pourtant le picking est un point important quand on vend en ligne, car chaque produit ajouté à un colis coûte de l'argent, puisque cela demande des manipulations supplémentaires. Il vaut mieux prévoir des coffrets d'assortiments déjà préparés, qui n'ajoutent pas de frais. L'intérêt de tous ces couacs, c'est que cela nous a forcés à affiner notre connaissance de la *supply chain* (il faut avouer qu'on n'y connaissait vraiment rien). Bigblue nous a transmis le vocabulaire, les codes, et depuis on est prêts à livrer toute la France et même le monde !

William Meunier,
fondateur de Bigblue

La première rencontre entre Pap et Pille et Bigblue a été commerciale : Antonin leur vendait nos services. Pap et Pille démarrait à peine le e-commerce et leurs volumes étaient faibles – en dessous du minimum qu'on accepte d'habitude. Mais Antonin m'a convaincu : « Eux, ils vont percer, je te promets, ne les laissons pas passer. »

L'histoire de Fatiha et Raibed était trop belle pour ne pas être couronnée de succès ; on a donc décidé de les accompagner, très tôt.

Ils ne maîtrisaient pas les outils, les codes de la logistique. Mais leur attitude et leur capacité à apprendre nous ont donné envie de passer du temps avec eux, pour leur montrer, leur transmettre nos connaissances et ainsi leur permettre de devenir des professionnels aguerris.

Travailler avec Pap et Pille, c'est intense (Raibed écrit des notes vocales littéralement à n'importe quelle heure de la journée !) mais tellement enrichissant. On a appris d'eux, de leur capacité à pousser l'exigence toujours plus loin. Parce que ces deux-là définissent l'entrepreneuriat, dans ses meilleurs moments comme dans les plus durs. Et quoi qu'il arrive, ils ont une énergie folle et rebondissent toujours pour atteindre les objectifs.

Faire un bout de chemin avec Fatiha et Raibed, ce n'est pas que professionnel, le personnel s'en mêle aussi, car en tant qu'entrepreneur je me reconnais dans leur valeur travail, avec une notion de partage et de bienveillance. »

https://lienmini.fr/papetpille30

Quelques tips de nous à vous !

- Indiquez dans vos contrats des engagements de volumes, avec des pénalités en cas de problème. Faire les choses dans l'urgence conduit parfois à commettre des erreurs. L'argent investi dans un avocat pour vous accompagner vous évitera d'en perdre plus encore. Vous aurez beau essayer d'anticiper les choses, il y aura toujours des imprévus et des difficultés !
- Entourez-vous de professionnels qui font preuve de pédagogie. La confiance n'exclut pas le contrôle. Vous devez vous intéresser à tous les aspects de votre société pour être réactif si la situation le nécessite. La qualité de votre partenaire fera la qualité de votre service.

- L'expérience client est primordiale de nos jours. Même si un client aime vos produits, s'il ne se sent pas considéré ou respecté, il ne les achètera plus. Or le renouvellement de l'achat est la clé de la réussite d'une entreprise. En plus, aujourd'hui tout le monde partage son avis. Un client mécontent peut vous faire perdre d'autres clients. Cet élément doit donc faire partie intégrante de votre stratégie commerciale.
- La télévision est un vecteur de communication incroyable. Passer en *prime time* a mis en lumière notre histoire entrepreneuriale et notre histoire de vie, entraînant un phénomène d'identification étonnant. Les jeunes, les parents, les infirmiers, les gens en reconversion professionnelle, les personnes qui voulaient entreprendre, les jeunes marques aussi... Tous nous ont dit combien notre histoire leur avait parlé et donné de l'espoir pour eux-mêmes. C'est là encore notre sincérité qui a produit ces réactions empathiques.

22

Petit retour sur notre modèle de développement

En 2020, lorsque nous avons rencontré Anthony Bourbon et ses équipes, la première chose qu'ils ont faite, c'est analyser notre business model et notre organisation. Leur conclusion a été très rapide : on ne pouvait pas tout faire ! Comme vous le savez, on s'occupait Fatiha et moi de la production, mais aussi de la commercialisation, la livraison, l'administratif, la comptabilité, la communication… C'est donc à ce moment qu'on s'est organisés pour mieux se répartir les tâches, mais surtout on a dû faire le choix entre avoir notre propre unité de production ou confier la production à un autre industriel. Ce choix nous a semblé très compliqué, car nous souhaitions garder la totale maîtrise de nos lignes et surtout protéger notre concept de la concurrence.

Courant 2021, on a finalement opté pour ce qu'on appelle la sous-traitance hybride, avec l'industriel de Compiègne dont je vous ai parlé dans le précédent chapitre. Il s'agissait donc d'occuper un espace dans son usine pour y installer nos lignes, qui nous appartenaient toujours. Le directeur du site s'était engagé à faire des investissements pour automatiser les process de fabrication et les rendre plus rentables. De notre côté, pour la première fois on était tributaires des autres. On a dû accepter de lâcher un peu le versant production, tout en gardant un œil sur la qualité et l'exécution de notre cahier des charges. Et au passage, les coûts de production ont pris 40 % (car le sous-traitant devait ajouter sa marge), aïe !

Au début, tout s'est bien passé. Mais sept mois plus tard, début 2022, on a connu le fameux boom de production lié au passage dans *Qui veut être mon associé ?*. C'est là que les galères ont commencé. L'entreprise n'arrivait pas à produire plus. Quand nous nous sommes rendus sur place, nous avons remarqué que les promesses d'investissement n'avaient pas été tenues et, cerise sur le gâteau, le patron de l'usine avait dû licencier le directeur du site en découvrant qu'il avait menti à beaucoup de clients et mis en péril l'usine… On nous a demandé de trouver un autre lieu de production du jour au lendemain ! Et nous n'avions plus notre site de production historique sur lequel nous rabattre…

On a remué tout notre réseau et réussi à trouver au mois d'avril, en catastrophe, un fabricant avec qui mettre en place le même modèle. On a dû lui faire confiance, on n'avait pas le choix. Déménager les lignes de production nous a coûté énormément d'argent, et c'était à six heures de chez nous, comment faire pour surveiller la qualité du travail ? On y est allés régulièrement, mais cela n'a pas été suffisant. On a commencé à avoir des avis négatifs qu'on n'avait jamais eu jusqu'ici. Les gens n'aimaient pas nos biscuits ! « C'est pâteux », « Ce n'est pas bon », etc. On a remué ciel et terre pour comprendre ce qui se passait avec la production, jusqu'au jour où j'ai repéré que le problème venait du réglage des fours : au lieu d'être simplement cuits, les biscuits étaient séchés ! On a dû mettre à la poubelle des productions entières qui n'étaient pas bonnes et apprendre à l'industriel à cuire nos biscuits…

Inutile de vous dire que toutes ces mésaventures ont mis à mal notre modèle. Le constat était simple : soit on s'occupait de la commercialisation et on laissait à 100 % la production à de vrais biscuitiers, soit on allait couler.

En février 2023, on a donc fait le choix de transformer Pap et Pille en licence. L'idée est venue lorsque j'ai rencontré un biscuitier qui m'a dit : « Toi tu sais communiquer, c'est une chose que je ne sais pas faire. Mais faire des biscuits par contre, c'est mon job ! » On a alors initié un pivot pour se concentrer sur nos forces – c'est-à-dire la communication, l'accompagnement du produit, le développement de nouvelles recettes, la commercialisation – et confié la fabrication du biscuit aux bonnes personnes.

Au moment où j'écris ces lignes, nous sommes en train de gérer une crise comme vous en vivrez tous les jours si vous êtes entrepreneur ! Cela nous permet d'apprendre encore et l'adaptabilité est une qualité que vous devez aussi avoir ! Car votre business va constamment évoluer et c'est votre capacité à l'accompagner dans ces changements qui fera le succès ou non de votre entreprise.

Je ne vous cache pas que toutes ces problématiques, ça pèse sérieusement sur les épaules… Vous verrez en lisant les chapitres suivants qu'on a gardé, Fatiha et moi, autant d'énergie que possible pour défendre Pap et Pille, mettre en place toutes sortes de projets pour soutenir l'entrepreneuriat en France, quitte à alpaguer le président de la République ! Mais en arrière-plan, il y a toujours ces problématiques de production, de placement de produits, de chiffre d'affaires qui nous demandent énormément d'efforts et sont vraiment épuisantes…

https://lienmini.fr/papetpille30-2

Quelques tips de nous à vous !

- Si vous souhaitez vous lancer et devenir entrepreneur, soyez bien conscient que la charge psychologique est très lourde lorsqu'on est à son compte. Assumerez-vous de renoncer au confort du salariat, de travailler plus, de ne pas forcément avoir cinq semaines de vacances par an et surtout de supporter le poids de toutes ces responsabilités ?
- Vous devez être organisé, déterminé, investi, équilibré, car l'entrepreneuriat va venir mettre en branle toutes vos fondations. Si elles sont solides, l'épreuve sera évidemment plus facile.

LE REGARD DE FATIHA

« Question prix, est-ce que mon business model est viable ? »

À nos débuts, on a pensé notre prix en faisant une étude de marché. On a relevé que les clients ne paieraient pas plus de 3 € un paquet de 100 g de biscuits. Et je vous avoue que c'est notre cas aussi ! On a donc décomposé le prix en partant de ce constat, et en essayant de faire rentrer les coûts de production dans un prix pas trop élevé, quitte à avoir moins de marge… mais c'était une grosse erreur !
Nos coûts de production sont inévitablement élevés, alors en y ajoutant les marges des grandes surfaces et le coût du stockage et du transport, on se retrouvait avec des marges vraiment trop serrées pour que cela soit rentable. Et quand on a subi comme tout le monde l'augmentation du prix des matières premières en 2022, nos marges sont carrément devenues négatives ! On a demandé aux magasins d'impacter cette augmentation ; certains ont accepté, d'autres non. On a décidé d'arrêter de travailler avec ceux qui avaient refusé, et de ce fait on s'est fermé des portes, cela nous a fait perdre du

chiffre d'affaires. Pour ceux qui ont accepté, on se retrouve avec des biscuits qui se rapprochent des 4 € une fois en rayon. Comme vous le savez, le pouvoir d'achat des clients s'est réduit ces derniers temps, et avec un prix aussi haut, nos ventes en magasin ont diminué.
Conclusion : nos prix actuels en sous-traitance sont élevés et pour être concurrentiels nous avons écrasé nos marges, ce qui n'est pas viable pour la pérennité de l'entreprise… Tout ceci nous cause évidemment beaucoup de soucis !
Tout cela pour vous dire que la marge et les bénéfices que vous engendrez sont déterminants pour la viabilité de votre modèle. Soyez vigilants ! Il faut bien distinguer le chiffre d'affaires généré et le bénéfice net qu'il vous restera au final. Car c'est ce bénéfice qui vous permettra de pérenniser votre activité et de montrer des bilans d'activité positifs.

https://lienmini.fr/papetpille30-3

23

La rencontre qui booste ta start-up

« Est-ce que tu veux rencontrer le P.-D.G. de Monoprix et faire référencer ton produit en un RDV ? » C'est ainsi que commençait le post que nous avons publié sur LinkedIn pour lancer auprès de notre public un petit principe qui nous est cher : celui de l'entraide. Nous sommes partis de rien, nous ne connaissions personne, mais à force de travail et de persévérance nous avons réussi à frapper aux bonnes portes et à les voir s'ouvrir. Certaines rencontres ont changé notre vie et accéléré notre business. Certaines ont été le fruit du hasard, d'autres ont été provoquées à force de culot. Tout cela demande une énergie phénoménale, et surtout de s'accrocher… Alors, depuis que les projecteurs ont décidé de se braquer sur nous, il nous semble impossible de ne pas partager ce à quoi nous avons accès aujourd'hui, quand tant d'autres galèrent encore. On a été tellement contents quand on nous a tendu la main ! On s'est dit que c'était maintenant à nous de renvoyer l'ascenseur, et on l'a fait à notre manière, en lançant « La rencontre qui booste ta start-up ».

Pour cela, on a demandé à quelques personnes influentes qui font désormais partie de notre entourage si elles étaient d'accord pour qu'on choisisse quelqu'un dans notre sphère LinkedIn, et qu'on le/la ramène dans son bureau, dans l'idée potentielle de booster son business. Naturellement, le premier à qui nous avons proposé ça, c'est Jean-Paul Mochet, le P.-D.G. de Monoprix.

Le principe de participation était simple : « Tu es entrepreneur ? Tu peux nous envoyer une vidéo de maximum 1 minute 30 dans laquelle tu expliques qui tu es et pourquoi tu veux rencontrer Jean-Paul Mochet. À toi d'être convaincant et de nous présenter au mieux ton produit et tes objectifs ! »

Sur ce premier essai, nous avons reçu les vidéos de 240 participants. De quoi valider l'intérêt et la nécessité d'un tel partage ! Ces vidéos étaient simples et sincères, elles venaient de gens qui avait besoin d'aide et d'une accélération dans ce monde compliqué de l'entrepreneuriat. On a fait une première sélection pour produire une short-list de trois start-up, puis on a lancé un sondage sur LinkedIn en invitant les gens à voter pour celle qui leur semblait la plus intéressante. La participation et les témoignages qu'a suscités ce post LinkedIn nous ont encore une fois montré combien l'entraide est une envie et un besoin que partagent énormément d'entreprises.

Ce genre d'initiative est venu appuyer l'image positive que le public avait de nous après la diffusion de notre portrait sur M6. Nos actions sont en cohérence avec nos propos et notre propre parcours. Cette cohérence continue de favoriser le réseau d'ambassadeurs et de soutiens qui se crée autour de Pap et Pille.

La « pépite » qui a eu droit à la rencontre avec Jean-Paul Mochet à l'issue de ce petit concours, c'est Bubble it!, une start-up qui propose une eau pétillante à faire soi-même. Malheureusement, Jean-Paul Mochet a quitté le groupe quelques semaines plus tard, et Monoprix n'a pas suivi le mouvement. Mais nous avons quand même donné un coup de main à cette entreprise, qui a bel et bien été référencée chez Monoprix !

https://lienmini.fr/papetpille31

Quelques tips de nous à vous !

- Créer des cercles vertueux est nécessaire aujourd'hui. Même si vous n'en êtes qu'au début, partagez vos infos ! Vous serez alors plus légitime lorsqu'à votre tour vous solliciterez l'aide des autres.
- Utilisez LinkedIn pour ce genre d'actions. C'est le bon endroit pour créer des synergies business et fédérer les communautés. Ce n'est pas seulement un réseau social, c'est une plateforme de connexion qui peut booster vos activités et occasionner des rencontres déterminantes.
- Si les gens se méfient et protègent leurs contacts parce que cela engage leur crédibilité, dites-leur que vous ne les mentionnerez pas. S'ils craignent que vous les concurrenciez, rappelez-leur que la concurrence est bonne pour le business et que c'est cela qui les pousse à toujours être au top ! Et s'ils vous tournent le dos, retenez la leçon et efforcez-vous de ne pas ressembler à ceux que vous dénoncez.

24

Au Gulfood de Dubaï

C'est l'équipe de Franck Riester, ministre délégué chargé du Commerce extérieur et de l'Attractivité, qui nous a épaulés pour notre premier grand salon à l'étranger. Au passage, soulignons qu'en France nous avons cette chance : des soutiens de taille sont mis à disposition des entrepreneurs, afin qu'ils rayonnent mondialement. Le « made in France », notre savoir-faire, nos idées s'exportent très bien. Si vous êtes bien accompagné et que l'on vous explique les règles de l'export, vous pourrez aussi bien vendre vos produits dans le supermarché en bas de chez vous que dans un supermarché à Hong Kong. C'est le coup de force qu'a réussi l'État français : la constitution d'une « équipe de France » de l'export, comprenant notamment Business France, BPI France ou les CCI, sans oublier les subventions et les aides à l'export – ces outils sont là pour vous aider à concrétiser le développement de votre marché à l'étranger.

De notre côté, nous avons bénéficié d'aides substantielles : quatre chèques relance export de 5 000 € chacun et la participation à hauteur de 40 % des dépenses pour le Gulfood de Dubaï. La région Auvergne-Rhône-Alpes a également été présente – encore une fois – pour nous, et a financé une partie de notre stand. Au total, c'est 80 % de nos dépenses qui ont été prises en charge par le plan export. Mais au-delà du financement, c'est un véritable accompagnement gratuit sur le plan humain – conseils, démarches – qui est mis à disposition des entreprises pour développer leur réseau de distribution à l'export.

Le Gulfood, où nous disposions grâce à tout cela d'un magnifique stand sur le pavillon France avec Business France Food, a été l'occasion de nombreuses rencontres, mises en relation et opportunités d'affaires. Cela a généré du chiffre d'affaires supplémentaire et pour notre image, c'était incroyable de montrer qu'en tant qu'entreprise nous savions gérer l'export ! Notre présence sur ce salon a prouvé qu'on disposait d'une bonne organisation, qu'on maîtrisait les codes de l'export, et qu'on avait un potentiel infini de business. C'est très important pour apporter de la valeur à une entreprise. Un investisseur qui s'intéresse à vous et apprend que vous vendez aussi bien en France qu'à l'étranger comprendra tout de suite que votre potentiel de chiffre d'affaires n'est pas limité, d'où l'intérêt d'investir chez vous.

Pour l'instant, notre activité à l'étranger est encore réduite. On fait seulement 3 % de notre chiffre d'affaires à l'export, ce n'est donc pas le cœur de cible de notre stratégie à l'heure qu'il est. Mais c'est un vrai enjeu pour l'avenir car on a pu constater durant cet événement à Dubaï, ou encore au Maroc où nous avons aussi eu l'occasion de présenter Pap et Pille, qu'il y a une vraie demande sur des produits comme le nôtre.

“ **Gaultier Brand-Gazeau,** ex-conseiller de Franck Riester, désormais chef du service économique de l'Ambassade de France à Dublin

---

La fortune sourit aux audacieux : difficile de penser à autre chose lorsque l'on rencontre pour la première fois Raibed et Fatiha. C'est cette audace que nous tâchons de porter et de soutenir, et qui les a emmenés, rapidement, à Dubaï – comme nous nous y étions engagés d'emblée !

Ils ont aussi compris que les consommateurs sont désormais aussi sensibles à l'histoire du produit qu'au produit lui-même. Cette capacité de narration de leur aventure entrepreneuriale, faite de prises de risque, de coups d'éclat, de sacrifices familiaux mais aussi d'un travail acharné, constitue un atout majeur pour leur marque. Et ce livre en est encore une belle illustration ! »

https://lienmini.fr/papetpille32 https://lienmini.fr/papetpille32-2

Quelques tips de nous à vous !

- Il existe énormément de dispositifs pour vous aider à l'export. Le plan relance export en est un parmi tant d'autres. Prenez le temps de chercher les informations et de vous adresser à la Team France Export qui regroupe les personnes dans les ministères ou les organismes comme Business France, qui sont là pour vous aider. Il s'agit aussi bien d'un accompagnement humain que financier.
- L'export doit faire partie de votre plan d'action. Cela ouvre des possibilités business qui donnent de la valeur à votre société. De plus, l'État apprécie que vous diffusiez le savoir-faire français, car vous faites ainsi rayonner le pays à l'international. Tout le monde est gagnant. Mais soyez attentif aux coûts, aux frais, aux contraintes réglementaires. Sachez vous entourer pour effectuer ces démarches.

25

Notre histoire devient un cas d'école à l'ESSEC

Nous avions fait tellement de bruit en communication qu'en mars 2022, Benjamin Dubois, intervenant à l'ESSEC Business School, nous a contactés pour nous proposer de faire une intervention auprès de ses étudiants. Le but était de raconter l'histoire entrepreneuriale à notre sauce. Sur le moment, on s'est vraiment demandé si on était légitimes, Fatiha et moi, pour répondre à cette opportunité. Nous, profs à l'ESSEC ? C'était le monde à l'envers ! On n'a aucun diplôme commercial, aucune formation officielle en gestion ou en création d'entreprise…, alors expliquer le business à des étudiants de ce niveau sans avoir soi-même toutes les notions et la parfaite maîtrise du sujet, c'est quand même prendre une grande responsabilité !

Mais on sait bien que tout ne s'apprend pas à l'école. C'est notre envie d'entreprendre et notre manière d'appréhender les choses qui ont créé un style remarquable. Toutes les aventures que nous avons vécues apparaissent comme des enseignements qu'il est important de partager. Nous nous sommes donc rendus à l'ESSEC, sans aucune préparation. Nous avions décidé de raconter notre histoire de façon très transparente, avec le mood Pap et Pille, bien sûr. Les bons et les moins bons côtés, les points forts et les choses à améliorer. Et des envois de paquets de biscuits dans la salle !

On leur a expliqué comment Monoprix nous a donné de la force, de quelle façon on s'est fait référencer chez Auchan Retail, on a même réalisé sur place une vidéo pour leur montrer concrètement notre technique d'approche : la vidéo s'adressait au P.-D.G. de Monoprix, depuis l'amphithéâtre de l'ESSEC, avec tous les élèves en arrière-plan, pour lui dire qu'il faisait bien de soutenir des entreprises différentes comme la nôtre ! Le but était de leur montrer comment utiliser les réseaux sociaux et la vidéo pour travailler et entretenir son réseau de personnes. Bref, on a été francs, enthousiastes, généreux pour mettre l'ambiance et partager avec ces jeunes tout ce qu'on pouvait, même nos contacts.

Pendant la conférence, plus on avançait dans le récit de notre parcours d'entrepreneurs, plus on sentait l'émotion monter dans la salle. Le prof nous a confié, après notre intervention, que c'était la première fois que les étudiants recevaient un témoignage aussi fort et aussi sincère sur tous les plans. Les élèves sont eux-mêmes venus à notre rencontre, et nous avons pu découvrir la vision qu'ils avaient de nous, montrant qu'il se passait quelque chose de très profond dans la relation à travers le mindset que nous avions diffusé. Ces jeunes étaient réceptifs à l'image de l'entrepreneuriat vertueux et s'identifiaient beaucoup plus à notre manière de faire qu'à toutes les entreprises dont ils avaient analysé les méthodes à ce jour. Suite à notre intervention, nous avons reçu une cinquantaine de demandes de stage !

C'est après cet événement que nous avons décidé d'aller encore plus loin dans le partage. Nous avons filmé de plus en plus de moments importants, des choses que d'habitude personne ne montre. Et surtout nous avons décidé de les communiquer sur les réseaux sociaux de l'entreprise, non pas sur un compte de *personal branding*. Car les valeurs des fondateurs rejoignent fondamentalement les valeurs de l'entreprise.

https://lienmini.fr/papetpille33

Quelques tips de nous à vous !

- Non, tout ne s'apprend pas à l'école, énormément d'enseignements nous ont été transmis par des personnes qui n'ont jamais fait d'études. Quand on étudie « sur le terrain », on peut devenir une personne référente sur son sujet sans avoir aucun diplôme. Ce sont vos accomplissements et vos résultats qui vous donneront votre légitimité.
- Une marque doit posséder des valeurs fortes et les assumer pour fédérer et entraîner un phénomène d'identification auprès du consommateur. Prenez un stylo, une feuille de papier et écrivez les valeurs qui sont importantes pour vous, celles que vous avez envie de transmettre au monde.
- Regardez cette feuille quasiment tous les jours, cela vous évitera d'oublier qui vous êtes et d'où vous venez.

LE REGARD DE FATIHA

« Gagner sa légitimité »

Personnellement, me retrouver face à des jeunes qui avaient besoin d'encouragements et de force, ça m'a fait un bien fou. Je n'ai pas pu aller au bout des études de médecine que je voulais faire, mais Raibed et moi, nous avons gagné notre légitimité grâce à nos accomplissements et nos résultats. C'est l'équivalent d'un diplôme !
Ce qui m'a le plus émue, c'est le regard des étudiants sur notre parcours et ce que cela suscitait chez eux. Nous avons

eu l'impression d'être des vedettes, alors que nous faisons simplement des biscuits ! Je leur ai demandé ce que nous représentions à leurs yeux. La réponse la plus touchante a été celle de Marie : « Quand je vous suis sur les réseaux, j'ai l'impression d'être amie avec vous, de vous connaître. Et ce qui est génial, c'est que vous êtes les mêmes en vrai que dans vos vidéos ! » C'est exactement cela : nous sommes ce que nous paraissons. Il me semble que c'est la base pour durer dans le temps.
Si notre parcours inspire, donne envie aux autres d'entreprendre, c'est fabuleux. Mais c'est aussi effrayant ! Nous devons être d'autant plus transparents et montrer – sans l'enjoliver – la réalité de ce que nous vivons. Tout n'est pas toujours rose, et cette rencontre a déclenché chez moi un *warning* sur ce point. Hors de question de laisser croire à ces jeunes gens que tout roule pour nous ! Nous devons aussi partager les mauvaises passes, même si ce n'est pas valorisant ; c'est un devoir que nous avons envers eux.

26

Poisson d'avril

Le 1er avril 2022, une personne de notre équipe a suggéré que nous prenions une photo pour faire croire à nos followers que nous allions participer à l'émission *Pékin Express*. C'était drôle, ça nous a plu, hop on l'a fait ! On a reçu des réactions incroyables de soutien et de validation de la part de nos followers. Les gens ont adoré l'idée que nous puissions participer à *Pékin Express*. Pour être honnêtes avec vous, c'est justement cette émission qui nous avait inspirés pour faire notre tour du monde avec Fatiha et ce post, qui n'était au départ qu'une blague, a réveillé cette envie…

Nous voilà donc en train de remplir un vrai dossier d'inscription ! Nous avons passé les premières phases de sélection et été convoqués par M6 pour un casting filmé dans un hôtel qui se trouvait face au Palais des Congrès, porte de Versailles.

Quelques jours avant qu'on se rende à ce casting, une jeune entreprise qui s'appelle Cake Master nous a envoyé un message sur LinkedIn. Elle nous demandait si on pouvait passer les voir à la Foire de Paris pour leur donner un peu de force, expliquant que ce serait très inspirant pour eux de pouvoir échanger avec nous. Je me suis dit : « Tiens, on sera juste à côté, j'irai faire un tour. » On avait prévu de rester à Paris le temps nécessaire au casting, puis Fatiha rentrerait à Lille tandis que j'irais rendre visite à ma famille à Besançon.

Finalement, nous n'avons pas été retenus pour *Pékin Express*, parce que nous étions déjà trop présents médiatiquement pour l'entrepreneuriat, mais en y réfléchissant, c'était bien mieux comme ça ! On s'était inscrits sous le coup de l'impulsion, grisés par l'idée, mais concrètement, être absents de notre entreprise 40 jours d'affilée, ce n'était franchement pas une bonne décision à prendre ! Vous allez peut-être penser qu'on a tendance à vouloir en faire trop tout le temps ! Mais tout ce qu'on tente nous semble cohérent avec l'esprit Pap et Pille, et de mon côté, quand quelqu'un me dit qu'on se disperse, j'ai plutôt tendance à répondre qu'on se diversifie !

En tout cas, Fatiha est repartie prendre son train pour Lille, et moi, j'avais trois heures à tuer avant de monter dans celui pour Besançon. J'ai donc fait un saut à la Foire pour saluer Cake Master et quelques autres entreprises qui exposaient sur le salon. On a fait des vidéos pour les réseaux et leur donner de la force, puis j'ai bavardé un peu avec les fondatrices de Tini Bird, une petite entreprise de bonbons que je connaissais déjà. Je leur ai conseillé de se servir du fait qu'elles sont deux femmes entrepreneures pour prendre plus de place dans le paysage médiatique entrepreneurial, trop fortement dominé par les hommes. J'ai sorti mon téléphone pour leur transmettre des contacts sur BFM Business et RMC Les Matinales, et c'est là qu'elles m'ont dit : « Ah tiens demain, on est invitées par le président de la République pour le 1er mai à l'Élysée. »

J'ai immédiatement été interpellé par cette information. Quoi, il allait se passer quelque chose à l'Élysée, en présence du président, avec des jeunes entreprises ? Renseignements pris, il s'agissait d'un événement réunissant des artisans, pour promouvoir l'excellence du travail en France. Une simple réception avec des responsables de Rungis et d'autres invités. Petite parenthèse : avec toute l'accélération que nous vivions, nous avions énormément de problèmes d'industrialisation et d'organisation des embauches pour y faire face. J'avais besoin d'en parler avec quelqu'un d'important et qui de mieux placé que notre président pour faire remonter les problématiques de terrain ? En plus, on essayait depuis ma première rencontre avec lui de déclencher une deuxième rencontre plus poussée. Pendant la campagne présidentielle par exemple, je lui avais envoyé des biscuits pour lui donner de la force à lui et à ses équipes. Et j'avais glissé un petit mot pour lui rappeler que nous avions des choses à lui faire remonter et qu'il serait intéressant qu'il nous propose un rendez-vous.

J'avais dans mon téléphone le contact direct de quelques personnes faisant partie cabinet du président. J'ai choisi d'écrire tout simplement sur WhatsApp à Philippe Englebert, qui est conseiller entreprises, services financiers, attractivité et export auprès d'Emmanuel Macron :

> *« Bonjour, je suis un peu déçu car avec Fatiha, cela fait quelques semaines que nous vous envoyons des produits pour vous donner de la force et là vous organisez un petit événement à l'Élysée pour le 1er mai, on n'a même pas reçu d'invitation. »*

Philippe Englebert m'a répondu très rapidement : « Oui, désolé, on n'y avait pas pensé ! » Il jugeait compliqué de nous ajouter sur les listes sachant que l'événement avait lieu le lendemain. Alors j'ai insisté, je lui ai dit que normalement je devais aller voir ma mère, mais que j'avais aussi très envie de rencontrer le président avant de partir pour Besançon ! Est-ce qu'il pouvait faire quelque chose pour que je puisse y aller ? Je lui ai mis une pression supplémentaire en écrivant :

> *« Là, je vais annuler mon billet de train, je reste sur Paris en attendant que tu me donnes des invitations pour qu'on puisse y participer. »*

J'ai appelé Fatiha pour lui dire ce qui était en train de se passer et je suis rentré à Lille pour la retrouver. À 21 h, j'ai reçu un message de Philippe qui disait : « OK, c'est bon j'ai réussi à vous inscrire sur les listes, vous pouvez aller l'Élysée vous serez reçus. »

Quelques tips de nous à vous !

- On ne le répétera jamais assez : votre histoire entrepreneuriale est un immense jardin qu'il faut cultiver. Rencontrez, essayez, agissez, sur le moment vous aurez peut-être l'impression que ça ne sert à rien, mais « tout vient à point à qui sait attendre ». Quand j'étais plus jeune, je ne comprenais pas cette expression. Maintenant que je la vis, je saisis parfaitement le sens de ces mots.
- Un poisson d'avril peut en cacher un autre ! Ou comment, de fil en aiguille, tous les enthousiasmes finissent par mener quelque part, même si ce n'est pas la direction imaginée au départ... Pour cela, sentez-vous légitime dans tout ce qui vous arrive, sans arrogance, juste par estime pour vous-même. Vous méritez autant qu'un autre, alors simplement, ne gâchez pas vos chances. Vivez chaque moment, chaque opportunité comme si cela allait tout changer. Votre engagement et votre implication ne laisseront pas insensibles vos interlocuteurs.
- Il faut parfois être un peu « ferme » quand on veut vraiment obtenir quelque chose, et mettre gentiment la pression aux personnes qui détiennent la clé pour cela. Pour y parvenir, il faut embarquer les autres dans votre sillage. Dites-vous que les personnes « importantes » sont sursollicitées. C'est votre histoire mais aussi votre détermination qui feront la différence.

27

On s'incruste à l'Élysée

Avec Fatiha, nous avons couché les enfants et nous sommes retrouvés tous les deux posés devant la télé, mais impossible de penser à autre chose qu'au lendemain et cette visite à l'Élysée. On sentait qu'une page importante était en train de s'écrire. Alors j'ai vu Fatiha se lever, attraper son ordinateur et commencer à chercher les vidéos des différents discours d'Emmanuel Macron sur l'entrepreneuriat. Pendant quatre heures, on a écouté le président parler de la start-up nation, du travail, de la notion de sacrifice, du fait que tout est possible, de la force de l'entrepreneuriat pour la France… Tous ces mots nous parlaient directement. Tout ce qu'il suggérait de faire pour réussir en tant qu'entrepreneurs, nous le faisions déjà, et malgré cela nous avions encore beaucoup de difficultés à industrialiser, à garder la production en France, à augmenter notre capacité de production, à mobiliser les institutions pour nous soutenir sur ces sujets.

Naturellement, on a pris une feuille et un stylo pour écrire un pitch en duo qu'on pourrait faire ensemble au président pour partager notre message. Cette nuit-là, nous n'avons guère dormi. Le matin nous étions dans le train pour Paris, habillés de nos pulls Pap et

Pille. Ce que j'appelle nos tenues d'entrepreneurs ! Nous avions aussi décidé, évidemment, de partager tout ça en live sur les réseaux sociaux. Ce jour-là, nous avons fait un record de vues de story. Il y avait une ambiance particulière, nous vivions un moment unique et notre communauté le sentait. Personne ne savait ce que nous comptions dire au président, mais ils nous faisaient confiance pour transformer cette occasion en quelque chose d'utile. Dans le métro, nous révisions notre pitch et je donnais la réplique à Fatiha en l'appelant « monsieur le président ». On a perçu quelques regards dubitatifs dans la rame !

Une fois arrivés à l'Élysée, on s'est rendu compte que nos tenues détonaient légèrement par rapport au *dress code* chic que s'étaient imposé les invités. On avait l'impression que tout le monde nous regardait ! Mais on ne s'est pas démontés, on a commencé à discuter avec quelques personnes pour essayer de savoir quel serait le meilleur moment pour interpeller le président.

Lorsque Emmanuel Macron est arrivé dans la salle de réception, la foule a commencé à s'agiter. Les gardes du corps du président étaient hyper attentifs et protecteurs. Très compliqué de l'approcher ! Fatiha avait repéré une de ses responsables de cabinet et est allée lui demander comment faire pour être sûre de le croiser, de pouvoir le remercier. Cette personne lui a conseillé un endroit stratégique où se placer et nous nous sommes tenus là, à regarder le président s'approcher lentement vers nous. Mais il y avait tellement de monde qu'il semblait impossible de lui parler vraiment, on aurait simplement l'occasion de lui faire un signe de loin, sans être certains qu'il nous reconnaisse.

J'aurais raté une journée avec ma maman pour faire juste un petit coucou au président ? Impossible ! Avec Fatiha, on a joué un peu des coudes et on est arrivés à mieux se placer. C'est là qu'une phrase m'est venue en tête. J'ai attendu que le président se rapproche suffisamment de nous et je lui ai dit haut et fort : « Monsieur le président, laissez-moi vous présenter la patronne de Pap et Pille ! » Là, il s'est arrêté net, il s'est placé face à nous et a répondu : « C'est une belle manière de présenter les choses. » Il a été touché par les mots que j'avais utilisés, soulignant au passage la cause des femmes entrepreneures. J'ai vu qu'il se souvenait très bien de moi et de m'avoir donné un coup de pouce. On avait décidé avec Fatiha d'abandonner notre pitch en duo, trop compliqué dans ce contexte où il fallait capter immédiatement l'attention. Fatiha s'était positionnée pour faire la captation d'images et bloquer l'avancée du président ; moi je devais délivrer le message et garder son attention. J'ai pris mon téléphone, et j'ai filmé de mon côté pendant que Fatiha filmait du sien. J'ai fait un *elevator pitch* devant le président en moins de deux minutes, en utilisant la trame que nous avions soigneusement préparée.

Pour commencer, je lui ai spontanément avoué la manière dont on s'y était pris pour arriver jusqu'à lui. Le fait que j'avais interpellé Philippe pour qu'on puisse s'incruster dans la réception. C'est un fait drôle, cela l'a fait sourire, mais cela lui a aussi donné un aperçu de notre détermination et de notre capacité à mobiliser notre réseau pour arriver à nos fins.

Ensuite, nous avions travaillé le pitch en reprenant des éléments de son propre discours sur l'entrepreneuriat et en les mettant en lien avec notre histoire. Le but était de montrer que nous connaissions ses convictions et surtout que nous faisions ce qu'il préconisait, dans le but de créer une adhésion logique à notre cause. Toujours la preuve par l'exemple ! Point important : chacun de mes mots était positif. Il ne s'agissait pas d'être dans la plainte, mais dans le factuel. J'ai donné trois arguments qui lui ont semblé incroyables. J'ai vu qu'il cherchait le regard de Fatiha pour vérifier l'information. Fatiha a fait un signe d'acquiescement, qui l'a incité à bien écouter mon discours.

À ce moment-là, je savais que j'avais capté son attention et celle de ceux qui l'entouraient. Sur la vidéo, on remarque que son entourage me regarde comme un ovni au début et n'attend qu'une chose : passer à quelqu'un d'autre. Mais plus je déroule mon discours, plus ils sont captivés. Leur attention nous est acquise. Alors je suis passé à la phase où j'explique que nous somme le parfait exemple de ce que le président défend et prône dans ses discours. Et que nous allons même au-delà, car nous nous sommes donné la mission de créer des cercles vertueux en repartageant notre réseau et en créant des synergies. Par chance, j'ai vu apparaître à cet instant un ministre qui avait participé à un épisode de « La rencontre qui booste ta start-up ». Je l'ai interpellé pour apporter du crédit à mes propos, le plaçant en témoin direct de ce que j'avançais.

J'étais prêt à conclure. J'ai donc fait une demande de rendez-vous en proposant une durée acceptable, vingt minutes, et surtout un objectif collectif. J'ai appuyé le fait que ce rendez-vous servirait à d'autres que nous et nous permettrait de faire remonter toutes les problématiques des entrepreneurs sur le terrain.

Au dernier moment, alors qu'Emmanuel Macron m'assurait qu'il était d'accord pour me fixer ce rendez-vous, j'ai eu l'idée saugrenue de lui demander s'il était un homme de parole. Il m'a regardé droit dans les yeux et m'a certifié que oui. Partant de là, on savait Fatiha et moi qu'on allait avoir notre rendez-vous avec le président et que ce serait un moment historique pour nous ! On pourrait vraiment lui apporter des éléments concrets pour nourrir la cause des entrepreneurs en France.

J'ai monté la vidéo et l'ai diffusée sur les réseaux sociaux. Elle a fait six millions de vues. Le nombre de commandes sur notre site a explosé, notre notoriété aussi. On a même été interceptés par des gens dans la rue qui avaient vu la vidéo et voulaient nous féliciter. Ce jour-là, aux yeux des entrepreneurs, mais aussi aux yeux des Français, nous représentions l'audace. Notre discours avait touché toutes sortes de gens – cela allait du P.-D.G. qui jugeait le pitch incroyable et l'exécution magnifique, en passant par l'employé qui trouvait que l'énergie déployée était exemplaire, que cela montrait qu'on pouvait tous atteindre nos objectifs en ne lâchant rien. Il y avait aussi les étudiants qui découvraient notre histoire en se disant que le *french dream* était possible. Sans oublier les entrepreneurs, qui ont identifié en Pap et Pille une entreprise porte-parole, prête à représenter l'écosystème pour que tous s'expriment à travers elle. Il y a vraiment eu un avant et un après cet événement. Désormais nous n'étions plus que des biscuitiers, nous avions une responsabilité supplémentaire.

À la fin de l'entretien, le président nous a demandé de développer quelque chose en réseau, autour de l'entrepreneuriat. Il nous a lancé un défi. C'est ce jour-là qu'a germé dans nos têtes l'idée de créer *Charabia*, la première émission pour les entrepreneurs faite par des entrepreneurs.

https://lienmini.fr/papetpille34

Quelques tips de nous à vous !

- Lorsqu'on a l'occasion d'une rencontre forte, il faut savoir ce que l'on veut en faire. Un selfie avec le président n'a aucun intérêt si vous ne transformez pas cela en une avancée pour votre entreprise ou pour la cause entrepreneuriale en général.
- Beaucoup de personnes font de belles rencontres et des actions incroyables, mais cela ne fait pas forcément autant de bruit. De notre côté nous avons décidé de tout partager, avant même de voir le président : notre arrivée, nos doutes et notre objectif sont passés en live sur Instagram. C'est l'utilisation des réseaux sociaux qui va amplifier vos actions dans le bon sens comme dans le mauvais. Alors soyez attentif à votre intention !
- Bien sûr, si au final nous n'avions pas pu parler au président, les répercussions auraient été différentes. Eh bien cela, on n'y a même pas pensé ! Le fait de partager ce que nous étions en train de faire et d'obtenir des milliers de vues en story aurait pu nous mettre la pression et nous faire craindre l'échec. Mais notre détermination était plus forte !

LE REGARD DE FATIHA

« Cet événement a eu des répercussions incroyables »

Éviter l'échec, ça se prépare ! On s'est conditionnés pendant notre préparation. On a visualisé le moment en essayant d'imaginer toutes les éventualités et quelles actions mettre en place en fonction du scénario.

Pendant la cérémonie, il y avait un énorme buffet, plein de délicieuses choses à boire et à manger. Mais pendant que les autres se régalaient, on n'a absolument rien goûté ! On était focus sur l'analyse des lieux, des personnes qui se trouvaient autour de nous. On avait un objectif et on devait maîtriser le temps, l'espace, qui allait être à côté de nous…

Je crois que ce qui a touché le plus les gens, c'est notre simplicité, notre décontraction. Honnêtement, on a vécu tout cela de façon totalement lunaire.

Après cet événement, on ne nous identifiait plus seulement comme les candidats de *Qui veut être mon associé* ?. Nous étions devenus des figures pour les entrepreneurs. Ils échangeaient avec nous sur leurs difficultés, leurs besoins. Les dirigeants d'entreprise nous félicitaient et nous considéraient à travers notre accomplissement. Car le message, la forme et la finalité étaient, selon eux, parfaits. Et cet accomplissement apparaissait pour eux comme un atout très particulier que peu de dirigeants ont.

Cette reconnaissance de notre travail nous a facilité l'ouverture de beaucoup de portes par la suite. Cela a accru notre notoriété, à tel point que lorsque nous sommes sur des salons, nous sommes reconnus et très sollicités par les participants et les organisateurs. Mais vous nous connaissez, nous allons tout faire pour que cette lumière profite à un maximum de monde !

28

C'est parti pour le salé

Peu de temps après notre coup d'éclat à l'Élysée, se tenait le salon Taste of Paris, qui réunit de grands chefs cuisiniers et pâtissiers. C'est un salon de grande qualité, qui offre la possibilité de vendre ses produits au public. Nous y participions pour la deuxième année. L'année précédente, nous y étions allés en mode « chasseurs ». On avait fait des vidéos avec beaucoup de chefs en leur demandant de goûter nos produits et de donner leur avis. Personne ne nous connaissait alors. Nous n'avions pas encore fait *Qui veut être mon associé ?* et peu de médias avaient parlé de nous.

https://lienmini.fr/papetpille35

Cette fois-ci, tout avait changé. Les organisateurs du salon sont venus nous féliciter. Les autres exposants nous reconnaissaient et s'adressaient à nous avec enthousiasme. Les chefs que nous avions filmés l'année précédente nous regardaient avec des yeux admiratifs en nous disant : « On ne pensait pas que vous alliez faire tout cela… » C'est eux qui nous proposaient de se prendre en photo avec nous ! Des personnes nous ont dit qu'elles étaient venues spécialement au salon pour nous rencontrer. On a reçu tellement d'amour et de soutien que cela nous a confortés dans l'idée qu'on était sur la bonne voie.

https://lienmini.fr/papetpille36 https://lienmini.fr/papetpille37

La première année nous avions rencontré Christophe Haton et Vianney Lecoq, cuisiniers chez Ferrandi – une école de gastronomie et de management appartenant à la Chambre de commerce et d'industrie de Paris Île-de-France. On avait eu un vrai coup de cœur pour eux et réciproquement, notre histoire les avait beaucoup touchés. On a évoqué ensemble notre amour du produit et de l'artisanat et ils nous ont présenté le directeur de Ferrandi, Jean-Paul Rigal. De cette rencontre est née encore une idée incroyable ! On a proposé à Ferrandi de travailler en collaboration avec nous sur une nouvelle gamme de produits : les recettes salées de Pap et Pille.

Depuis, on est en train de développer avec eux un projet ambitieux : une web-série intitulée « Les ateliers Ferrandi × Pap et Pille », qui raconte tout le processus de création d'un produit avec les étudiants et une équipe de cuisiniers de haut vol, en partenariat avec des industriels pour développer un produit de grande consommation, mais aussi de grande qualité.

Pour mettre en place tout cela, il nous a fallu obtenir l'accord de Dominique Restino, président de la CCI Paris. Et comment on s'y est pris, à votre avis ? Il se trouve que lors du Salon des entrepreneurs, lorsque nous avions gagné le concours de pitch, il s'était produit une autre petite aventure que je ne vous ai pas encore racontée. Je me trouvais dans le salon VIP, où tout le monde buvait du champagne en dégustant des petits fours. Moi, j'avais envie d'un verre de lait parce que j'adore ça, alors j'en ai demandé un au barman. Le barman a fait une drôle de tête, c'était la première fois qu'on lui demandait cette boisson dans ce contexte ! En entendant notre conversation, les trois personnes qui m'entouraient se sont mises à rigoler, à cause de ma demande insolite et de la réaction du barman. C'était l'occasion de m'adresser à elles. Il se trouve que c'étaient des responsables communication de la CCI Paris Île-de-France, qui m'ont félicité pour le concours de pitch. Il en a découlé une discussion, et Jessie Prudhomme, qui faisait partie du groupe, m'a proposé de faire avec elle un podcast sur l'entrepreneuriat, suivi plus tard d'un deuxième plus important. Elle s'est mise à suivre l'histoire de Pap et Pille de très près. Et Dominique Restino est son patron ! C'est donc à elle que je me suis adressé pour m'aider à obtenir un rendez-vous avec lui. Il nous a reçus sans tarder, Fatiha et moi, et nous lui avons exposé notre projet de partenariat. Il faut savoir que Ferrandi, en cent ans d'existence, n'a jamais créé un produit en cobranding ! Nous avions là une opportunité unique. Dominique Restino a validé.

Nous voilà donc à ameuter tout notre réseau pour fédérer une équipe de production ! Nous visons avec Ferrandi un programme très pro et bien pensé. Nous avons réussi à fédérer des cuisiniers comme Julien Serri et Karim Fares de Happy Cook, un industriel, Cyrille Valota de Péché Gourmand, et l'agence de communication EtMerci, avec Nora Barault. Tous sont prêts à rejoindre l'aventure pour transmettre leur savoir aux étudiants et devenir également partenaires. Une belle aventure s'annonce…

Dominique Restino,
président de la CCI Paris

Lorsque j'ai rencontré Fatiha et Raibed, j'ai d'abord été totalement captivé par leur histoire : leur histoire d'amour, leurs voyages, leur changement de vie professionnelle, puis cette envie d'entreprendre chevillée au corps !

Je les suis depuis et je vois que rien ne les arrête, tout semble possible. Ils ont une énergie débordante et leur complémentarité les emmènera loin, j'en suis sûr !

Ils ont déjà accompli beaucoup. Leur exemple doit servir à toutes celles et ceux qui veulent se lancer. Se lancer c'est bien, être accompagné c'est encore mieux et ils l'ont compris en franchissant à leurs débuts la porte d'une chambre de commerce !

Le réseau des CCI est là pour aider toutes les personnes qui souhaitent entreprendre.

https://lienmini.fr/papetpille38

Quelques tips de nous à vous !

- Le travail paye et vos efforts finiront forcément par être récompensés. Parfois vous rencontrerez des personnes qui ne sauront pas apprécier ces efforts ni vos enjeux. D'où l'importance d'avoir un discours sincère et de créer un temps de dialogue qui vous permettra de partager votre histoire.
- Se créer des contacts, c'est super, mais pensez à entretenir régulièrement votre réseau. Une relation se bonifie avec le temps. Le maillage que vous mettez en place peut, à un moment donné, vous servir à créer des opportunités, à débloquer certaines situations.
- Le plus important, c'est de s'inscrire dans une histoire cohérente et qui fait sens. Ce que Ferrandi nous a accordé est un privilège. Mais celui-ci répond également à un besoin. Nous avions besoin de faire des biscuits apéro pas comme les autres. Et nous avions repéré que Ferrandi souhaitait une communication plus dans l'air du temps. Nous leur avons donc proposé un projet gagnant-gagnant. Si vous avez une ambition, pensez-la à 360°, c'est-à-dire à son impact sur vous, sur l'autre, à la manière de l'orchestrer et de communiquer autour. Arriver avec une idée aboutie, qui permet à votre interlocuteur de se projeter, augmentera son capital confiance et vos chances d'obtenir le résultat que vous souhaitez.

29

50 k€ de commandes en 30 minutes

Nous avions beaucoup de projets à développer, mais le plus important était d'augmenter le nombre de points de ventes pour générer du chiffre d'affaires. C'est un des éléments sur lesquels nous sommes jugés, qui participent à notre crédibilité en tant qu'entrepreneurs.

Les communications et les événements partagés sur les réseaux ne représentent qu'un huitième de ce que nous faisons au quotidien. Personnellement, ce qui occupe la majeure partie de mes journées, c'est le développement de la commercialisation de Pap et Pille. Le plus dur dans le job de commercial, c'est d'aller voir chaque responsable de magasin pour le convaincre de passer commande. Car derrière chacune de ces démarches, il y a :

- les frais d'essence ;
- la fatigue des trajets ;
- la répétition du discours ;
- et surtout la difficulté à capter l'attention de quelqu'un qui a déjà mille choses à gérer dans son magasin.

Grâce à Amandine Cappon, dont je vous ai déjà parlé, mais aussi Ramzi Traouli, responsable Commerce Territoire Île-de-France chez Auchan Retail, j'ai eu l'opportunité de rencontrer d'un coup vingt-cinq acheteurs Auchan lors d'une réunion à La Défense. Ce genre de moment est important pour une petite marque comme Pap et Pille, et si beaucoup de gens pensent que j'improvise dans ce genre d'occasions, ce n'est pas du tout le cas ! Avec ma *sparring partner* Fatiha, je me prépare comme un athlète : je connais mes marges, mes rotations, j'ai mon PowerPoint de présentation, et surtout, j'ai des biscuits plein les poches car c'est notre meilleur argument de vente !

Il était clair que ce rendez-vous de présentation allait me faire gagner un temps considérable pour placer nos produits. J'avais tout prévu dans ma tête : la présentation PowerPoint, puis la dégustation de produits, suivie d'un topo pour convaincre de les mettre en avant dans les magasins. Je crois que je me faisais une idée assez stéréotypée des personnes à qui j'allais avoir affaire. J'imaginais quelque chose de très codé, de très sérieux. En fait, lorsque je me suis retrouvé face à eux dans la salle de réunion, je me suis rendu compte que c'étaient des gens comme vous et moi, des gens de terrain, des gens qui ont l'habitude d'interagir et qui n'ont aucun problème à être dans l'échange direct. J'ai donc oublié mon PowerPoint et leur ai fait une présentation en live, beaucoup moins formelle que ce que j'avais prévu. J'ai aussi pris mon téléphone comme d'habitude pour filmer les coulisses, en leur expliquant que je partageais absolument tout avec ma communauté. Ils se sont pris au jeu, ils ont tous fait un petit signe amical face caméra. Mais le point le plus concret, c'est qu'en sortant de cette réunion, j'avais signé pour 50 000 € de commandes.

J'ai posté la vidéo juste après sur LinkedIn et elle a généré 3 millions de vues, avec un impact très positif sur les petites marques, qui se sont dit en la voyant que tout était possible pour elles également.

J'ai par la suite eu des contacts rapprochés avec tous les représentants qui avaient passé commande ce jour-là, et la relation que nous avions commencé à instaurer est devenue plus forte qu'une simple relation commerciale. Je sentais qu'ils avaient envie de nous voir réussir !

https://lienmini.fr/papetpille39

Quelques tips de nous à vous !

- Il faut rester attentif à ce qui se passe sur le moment et adapter votre attitude aux interlocuteurs pour rebondir en fonction des signaux que vous recevez. C'est pour cela que vous devez maîtriser votre sujet, pour que l'énergie prise par la gestion des émotions ne vous paralyse pas dans votre discours. Dans la grande distribution, c'est aussi une histoire d'êtres humains qui en rencontrent d'autres ! Si vous arrivez à développer un lien de sympathie avec vos interlocuteurs, la relation sera beaucoup plus simple à gérer. C'est les étapes suivantes de relance et de maintien du lien qui vous permettront de consolider le business.
- Notre force, c'est de partager ce que personne n'ose montrer. Et si c'est fait de la bonne manière, cela sera accepté par les autres. Les vidéos que nous partageons fonctionnent car elles montrent une méthodologie qui peut être dupliquée. Ce qui est important, c'est qu'on partage également le nom des contacts, pour permettre à ceux qui nous suivent de capter ces contacts et de les travailler en prenant cet événement comme contexte.

LE REGARD DE FATIHA

« La légitimité de transmettre une méthodologie »

Quand Raibed m'a montré cette vidéo, je lui ai dit qu'il devait en faire d'autres comme celle-ci. C'est selon moi la chose la plus importante à retirer de notre expérience. Ce qui fonctionne pour Pap et Pille ne fonctionnera pas forcément pour les autres. Par contre, nous faisons les choses avec méthode, donc si vous la comprenez, vous pouvez l'adapter à vos pratiques.

Ces vidéos apparaissent comme une formation live en prenant le cas concret Pap et Pille, qui vous expose de façon transparente ce qui se déroule et vous montre comment transformer une opportunité en business avéré. Les difficultés que nous rencontrons sont les mêmes que d'autres entrepreneurs. Nous n'avons pas fait les études ou les formations pour maîtriser ces sujets. Nous avons appris sur le terrain. Les compétences acquises peuvent donc être retransmises.

Petit à petit, on s'est rendu compte qu'on avait développé du réseau, des compétences et surtout une pédagogie qui pouvait être transmise aux autres. Les demandes qui nous étaient adressées en ce sens étaient de plus en plus nombreuses et cela nous prenait de plus en plus de temps. En rencontrant d'autres créateurs de contenus, on a constaté qu'ils proposaient des accompagnements, en partant du principe que ce qu'ils avaient réussi à faire pour eux-mêmes pouvait aider d'autres personnes à y arriver.

Je me questionne toujours sur ma légitimité ou celle de Raibed. Nous ne sommes qu'au début de notre aventure et les étapes que nous avons franchies ne nous ont pas encore amenés à ce qu'on considère comme une réussite. Mais je me rappelle une chose qui nous a été dite par Ruben Taïeb et Michel Khoury. Tous deux ont développé des aptitudes sur les réseaux et accompagnent ou forment d'autres entrepreneurs sur leurs *skills*. Ils nous ont dit : « Tous vos accomplissements se détachent de la réussite ou non de Pap et Pille. Vous avez démontré que l'utilisation de l'audace et de tous vos apprentissages sur le terrain aboutit à une exécution marketing virale. Votre notoriété, votre simplicité font qu'on a envie d'être avec vous et de travailler avec vous. » D'après eux, il était donc légitime que nous proposions des accompagnements afin de transmettre notre méthodologie pour aider les entrepreneurs à exceller dans le développement de leur entreprise, l'élaboration de leur plan de communication, mieux comprendre qui ils sont et ainsi mieux diffuser leur produit.

30

Commencer par un tuto, et terminer par un référencement dans 2 000 stations-services

On me demande régulièrement : « Comment tu fais pour parler à toutes ces personnes importantes ? » Lisez ces quelques pages et vous aurez la réponse !

En juin 2022, je me promenais comme à mon habitude dans les allées d'un salon Porte de Versailles – le salon VivaTech, un rendez-vous annuel consacré à l'innovation technologique et aux start-up – quand mon regard a été attiré par une personne entourée de caméras et de vigiles. Je m'approche des vigiles, et je demande : « C'est qui ? » On me répond que c'est Patrick Pouyanné, le grand patron de TotalEnergies. Je commence à m'éloigner, ne voyant pas quel serait mon intérêt à essayer de discuter avec ce monsieur.

Mais au bout de quelques pas, je m'arrête net en me faisant cette réflexion : « Mais au fait… TotalEnergies, c'est des stations-services, et dans les stations-services, il y a des produits qui se mangent ! » Je viens de changer d'avis : il faut absolument que j'aille parler à monsieur Pouyanné ! Je me dis que c'est justement l'occasion de réaliser un tuto filmé pour expliquer aux gens comment je m'y prends pour aller à la rencontre de personnes qui paraissent inaccessibles… Cela fera d'une pierre deux coups !

J'attrape mon téléphone et je commence à travailler mon objectif. Je me filme en expliquant que pour m'adresser à cette personne, je vais choisir un pitch très rapide et précis, sans raconter notre histoire mais en attaquant directement sur le produit. Comme toujours, j'ai des biscuits dans mon sac et je cherche la meilleure manière d'aborder ma cible, c'est-à-dire la plus logique. J'arrive tout simplement face à lui, je lui tends la main en disant « Bonjour M. Pouyanné, c'est un plaisir de vous rencontrer » et je commence tout de suite à dérouler mon discours.

Si vous regardez la vidéo, vous verrez à son attitude que ce monsieur a été surpris par ma démarche, encore plus venant de quelqu'un vendant des biscuits sur le salon de la technologie ! Il s'est montré peu intéressé de prime abord, mais très rapidement mon discours a fini par l'intriguer, d'autant que j'ai misé sur le « made in France ». Je lui ai donc demandé de me donner un coup de main pour être distribué dans les stations-services. Il a accepté ma carte et quelques biscuits, et m'a dit qu'il allait voir ce qu'il pouvait faire. Je l'ai quitté… sans espoir.

Je pensais vraiment que cette rencontre ne donnerait pas grand-chose. J'ai continué mon chemin dans le salon en m'arrêtant sur quelques stands, et juste avant de partir, j'ai été interpellé par quelqu'un qui portait un badge TotalEnergies. Il tenait à la main mes biscuits et ma carte de visite. C'était Thibault Flichy, à qui Patrick Pouyanné venait de demander de « regarder le sujet ». Il était donc venu directement à ma rencontre.

Cet étonnant retournement de situation a été le début d'un enchaînement d'événements qui tiennent du conte de fées. Thibault Flichy a organisé pour moi un rendez-vous avec Pierre-Emmanuel Bredin, directeur réseau, et Julien Boucly, directeur marketing réseau chez TotalEnergies France – les bons interlocuteurs pour espérer être référencé dans toutes les stations-services de France. Je n'aurais pas rêvé mieux ! Cette vidéo a été vue plus de 5 millions de fois…

https://lienmini.fr/papetpille40

J'avais obtenu mon rendez-vous. Mais il fallait que je le prépare. J'avais six jours devant moi. Avec Fatiha, on s'est rendus dans une station-service pour prendre des photos de nos produits en situation. Nous avons réalisé un PowerPoint de présentation de notre entreprise, expliquant notre stratégie commerciale. Mais nous avons aussi imaginé une stratégie de communication pour accompagner l'implantation des produits. Et j'ai bien sûr tourné une vidéo pour partager mes techniques de préparation. Pour ce genre de rendez-vous, j'arrive en avance pour me laisser le temps de faire quelques exercices de respiration et poser ma voix. Car tout a son importance.

Me voici donc dans le bureau de Pierre-Emanuel Bredin, dans lequel se tient également Julien Boucly. Leur accueil est très bienveillant. Ils adhèrent rapidement à l'histoire de Pap et Pille, à l'énergie que nous dégageons, et surtout ils aiment le produit. Pendant l'entretien, je filme évidemment, mais surtout, je fais une boulette : j'appelle tout le temps Julien, Vincent. Va savoir pourquoi ! Mais l'ambiance est tellement détendue que cela en devient drôle. En même pas quinze minutes, Pierre-Emmanuel m'annonce qu'il va référencer Pap et Pille dans toutes les stations-services. J'ai été très ému, car cela représentait un boom de visibilité, et surtout cela nous permettrait de recruter pour booster la production. En termes d'image, se positionner dans les stations-services installerait la marque aux côtés de tous les grands acteurs du secteur.

Étant donné la bienveillance de mes interlocuteurs, j'ai tenté un coup en live. Je leur ai présenté notre stratégie marketing, qui consistait à faire un tour de France des stations-services pour aller à la rencontre des clients et installer nos produits. Ils ont adoré l'idée et accepté ma proposition.

https://lienmini.fr/papetpille41

Cette vidéo a également récolté énormément de vues. Des commerciaux l'ont repartagée en incitant tous leurs collègues à la regarder pour s'en inspirer. Elle est devenue une vidéo de référence pour les écoles de commerce, un outil pédagogique véhiculant un exemple concret en lien avec les cours.

Non seulement ce rendez-vous a donné lieu à un partenariat inédit avec une marque française pour organiser un tour de France de dégustation dans les stations TotalEnergies pendant l'été, mais nous avons été référencés en un mois là où, d'habitude, il faut un an pour être présent !

Quelques tips de nous à vous !

- C'est comme dans le sport, la pratique vous rendra meilleur. Il faut s'entraîner même avec des interlocuteurs qui ne vous semblent pas pertinents. C'est sur eux que vous pourrez vérifier la force de votre argumentation. Si vous convertissez une personne qui est loin de votre domaine, vous êtes le commercial de l'année !
- Préparez vos rendez-vous, ne laissez rien au hasard. Anticipez les questions, permettez à vos interlocuteurs de se projeter. Lorsque j'ai présenté à Pierre-Emmanuel le tour de France en voiture électrique, j'avais fait une maquette 3D de la voiture aux couleurs de Pap et Pille et de TotalEnergies. C'était du concret.
- La surprise est un des meilleurs leviers de conversion. J'arrive en rendez-vous avec des vêtements aux couleurs de Pap et Pille. Pas de chemise. Avec notre histoire, tout le monde se dit que nous sommes des amateurs. Mais lorsque nous sommes en rendez-vous, le vocabulaire utilisé, la maîtrise de nos sujets, la présentation PowerPoint, etc., tout cela détonne par rapport à notre image.
- Ne vous restreignez pas à vos marchés habituels. Des opportunités peuvent se cacher là ou vous ne les attendez pas.

31

Gros craquage, ça arrive aussi…

En milieu d'année 2022, on s'est retrouvés sur les rotules Fatiha et moi. Épuisés. L'équipe qu'on avait recrutée n'était pas à la hauteur de nos attentes, on n'arrivait pas à trouver le bon combo pour que tout roule, on a dû remercier plusieurs personnes, c'était un moment particulièrement éprouvant. Une distance s'était installée entre les employés et nous. Apparemment, le fait d'avoir au départ donné un large espace d'échange s'était retourné contre nous : tout le monde donnait son avis sur le développement de l'entreprise, remettait en question nos stratégies, il fallait qu'on se batte contre notre propre équipe ! Cela a commencé à me miner le moral, personnellement.

En plus, nous avons rencontré des problèmes dans notre nouvelle usine de production d'Aix-en-Provence. Il fallait faire le déplacement pour se rendre sur place. C'est souvent Fatiha qui se charge de faire ces allers-retours pour visiter nos usines et superviser les unités de production. Mais à ce moment-là, elle m'a demandé de le faire, elle était vraiment trop fatiguée. J'avais moi aussi passé une semaine très compliquée émotionnellement, je me sentais assailli par toutes ces responsabilités cumulées, je ressentais un énorme manque de ma famille, je voyais très peu mes enfants, et Fatiha presque uniquement dans le cadre du business... Tout cela commençait à manquer de sens, je traversais une grosse phase de doute.

Pour aller jusqu'à Aix-en-Provence, j'ai réservé un train de nuit. Quand je suis monté à bord du train, que j'ai vu ma petite couchette coincée au milieu d'un carré de six autres, à penser que j'allais passer la soirée et la nuit là, loin de ma famille, j'ai ressenti un gros coup de mou. Un moment de tristesse intense. Je me sentais vraiment vidé de mon énergie, le moral à zéro.

Alors j'ai pris mon téléphone, j'ai fait une courte vidéo pour parler de mon ressenti avec la communauté. Généralement, j'ai tendance à évoquer seulement le positif pour donner de la force aux autres, mais j'ai trouvé qu'il était normal de partager aussi ce moment de craquage et d'avouer que cette aventure n'est pas toujours facile, loin de là. Il me semble qu'on a ce devoir de transparence, car il serait trompeur de faire croire à ceux qui nous suivent et auxquels on donne envie d'entreprendre que tout se passe toujours comme sur des roulettes. Ils doivent savoir qu'il faut être prêt à vivre des moments vraiment difficiles, que la pression est constante, qu'on manque souvent de sommeil, et que tout ça peut faire perdre le sourire, même à quelqu'un comme moi, qui suis plutôt d'humeur constante.

La réaction de notre communauté ne s'est pas fait attendre. J'ai reçu énormément de messages de soutien, des encouragements, des mots qui disaient que ça valait la peine de continuer parce qu'on était en train de construire un truc super qui inspirait beaucoup de gens. Il se dégageait de ces messages une telle bienveillance que cela m'a fait autant de bien que si c'était un proche qui m'avait soutenu. L'anonymat des réseaux sociaux n'atténue en rien l'émotion que l'on peut provoquer chez les autres ou recevoir en retour. Vraiment, je me suis senti soutenu par tous ces gens que je n'avais jamais rencontrés mais qui s'intéressaient à notre histoire et se sentaient concernés par notre situation. Merci à vous !

Étant donné l'intérêt qu'avait suscité ce post sur la dure réalité de l'entrepreneuriat, on a par la suite décidé avec Fatiha de partager

24 heures de notre quotidien en vidéo, afin que les gens puissent se rendre compte de l'investissement que c'est de gérer une société. Cette vidéo a eu un fort impact, en externe mais aussi en interne : elle a révélé des problèmes chez nous, par exemple la difficulté à recruter, donc *a fortiori* la difficulté à déléguer. Cela a mis des petits *warnings* en place. Car il faut savoir ménager sa monture pour aller plus loin ! Nous avons donc pris le temps à ce moment-là de remettre les choses à plat et de se répartir les tâches pour équilibrer au mieux. Nous avons également lancé une campagne de recrutement pour essayer de trouver des éléments que nous pourrions entraîner à notre suite. On s'est rendu compte qu'il fallait déléguer certaines activités que d'autres sauraient peut-être même faire beaucoup mieux que nous, afin de libérer du temps pour se concentrer sur les aspects où nous avions une réelle plus-value.

https://lienmini.fr/papetpille42

Quelques tips de nous à vous !

- L'entrepreneuriat, c'est les montagnes russes : des moments d'exaltation intense, car on a l'impression d'avoir réussi, suivis de phases de stress et de déprime tout aussi intenses. Dans notre cas, les difficultés sont beaucoup liées à notre manque d'expérience (recrutement, gestion d'équipe), à une industrialisation très coûteuse, et à la diffusion/commercialisation des produits sur toute la France (*supply chain*, gestion de production, campagnes de dégustation). Pour supporter tout cela, il faut un bon équilibre mental et surtout du soutien.
- Une communauté sur les réseaux, ce n'est pas seulement des likes, c'est un véritable accompagnement qui peut redonner le sourire dans les moments les plus durs ! Il faut

donc être honnête avec sa communauté et transparent. Il faut savoir s'appuyer sur elle dans les bons comme dans les mauvais moments. Le lien développé est tout aussi fort que des liens d'amitié réelle. Le sentiment d'appartenance a évolué avec la digitalisation. Vous n'avez plus besoin de rencontrer une personne pour qu'elle soit votre amie.

- Apprendre à déléguer est indispensable pour pouvoir se recentrer soi-même sur l'essentiel. Le plus dur est de trouver des personnes de confiance aussi investies que vous. Pour que cela soit possible, il faut que ces personnes soient intéressées au capital, on appelle ça de l'*incentive*.

LE REGARD DE FATIHA

« Comment se réconcilier sur LinkedIn… »

Comme tous les couples, il arrive avec Raibed qu'on se prenne la tête. Et quand on s'embrouille, j'ai tendance à faire « silence radio ». À l'ignorer. C'est une chose qu'il déteste, il ne supporte pas quand je fais ça ! Parfois j'en joue, pour l'embêter. La force de Raibed, c'est de ne pas faire preuve d'orgueil dans ces cas-là, et de toujours trouver une solution pour me faire rire ou dédramatiser la situation.
Une fois, j'étais très en colère contre lui pour une attitude qu'il avait eue et qui m'avait beaucoup déplu. Et là, je ne voulais vraiment pas rigoler. Je voulais marquer le coup. Cela faisait donc une matinée entière que je ne lui parlais plus, et dans l'après-midi vers 14 h, j'ai entendu mon téléphone qui commençait à sonner régulièrement. Je recevais énormément de notifications sur LinkedIn.
Entre deux dossiers, j'ai jeté un coup d'œil, et je me suis rendu compte que des gens répondaient à un post et à des commentaires que j'avais faits. Bizarre. Je regarde de plus près, et mon premier réflexe est de dire à Raibed, qui se trouvait dans le bureau : « Je crois qu'on s'est fait pirater le LinkedIn, tu

peux regarder ? » Évidemment il n'a pas répondu, alors j'ai regardé moi-même et commencé à lire les commentaires. Et surtout à lire le post que j'étais censée avoir publié !
C'était un post que Raibed avait rédigé lui-même, dans lequel il parlait du travail en couple. Dans les commentaires, il avait écrit des choses très positives, et apparemment j'avais aussi répondu des choses très sympathiques ! Nous étions en train d'avoir sur LinkedIn une conversation bienveillante où je disais plein de belles choses à Raibed !
Je n'avais évidemment pas écrit tout ça, Raibed avait utilisé mon compte et il se répondait à lui-même en même temps qu'il écrivait !
En découvrant ça, j'étais pliée de rire. Je suis allée vers lui et il m'a accueillie avec le sourire. Il m'a dit : « J'avais pas le choix, tu voulais plus me parler, alors j'ai parlé avec la version de toi sur LinkedIn. Et je la trouve très sympa. »
On s'est mis à rigoler, et la dispute était oubliée.

https://lienmini.fr/papetpille43

32

J'irai bosser chez vous

Après notre coworking dans les locaux de Laurent Wauquiez pour avoir un pied-à-terre à Paris, on a passé six mois dans des bureaux prêtés par Monoprix, puis quelques autres dans une location près de la gare du Nord. On s'apprêtait à prendre de nouveaux bureaux à la rentrée de septembre 2022 et en attendant, on avait prévu de mettre nos équipes en total télétravail pendant l'été. Mais il restait important de se réunir régulièrement pour gérer certains sujets épineux. Comment faire sans bureaux ?

On a eu l'idée d'un post LinkedIn demandant à des entreprises parisiennes si elles étaient d'accord pour qu'on vienne travailler en coworking chez elles pendant l'été, en échange de quelques billes de biscuits, bien sûr. Il nous fallait de la place pour trois ou quatre personnes, sur maximum quatre jours par semaine. On m'a pris en photo tenant une pancarte en carton comme si je faisais de l'auto-stop : « Cherche coworking gratuit pour juillet-août à Paris », et on a publié !

https://lienmini.fr/papetpille44

Le post a fait plus de 1 500 000 vues et on a reçu des centaines de messages d'entreprises nous proposant de venir nous installer dans leurs locaux. Chouette ! Du coup, on s'est dit que c'était aussi l'occasion de lancer une web-série sur le thème de la rencontre avec d'autres entreprises, pourquoi pas ? On leur poserait toutes sortes de questions : en quoi consiste leurs projets, quels outils elles utilisent, comment elles s'organisent, comment elles recrutent les bonnes personnes, etc. Recueillir toutes ces informations sur plusieurs entreprises, ce serait une mine d'or à partager avec toutes les autres start-up, toutes les autres petites entreprises afin qu'elles puissent elles-mêmes en profiter ! Quelques jours plus tard, j'en discutais avec Romann Segretain, le cofondateur de Biis Video. Je lui ai proposé le projet, qui l'a tout de suite emballé. Je lui ai dit franchement que nous n'avions pas de budget pour cela mais que nous ferions le maximum pour trouver des sponsors pour aider au financement. Son associé et lui ont validé le potentiel de ce programme et décidé de prendre le risque. On allait devenir coproducteurs d'une web-série à destination des entrepreneurs !

Pour l'instant, nous avons par exemple tourné chez Superprof avec Wilfried Granier, mais aussi chez Carrefour ou dans de toutes petites entreprises. Tout cela est en cours de montage à l'heure où j'écris ces lignes, et sera diffusé dès que possible sur LinkedIn et YouTube.

Pendant ce temps, nous gardions bien sûr en tête, Fatiha et moi, le défi lancé par le président de la République. Notre réflexion était en train de s'affiner, mais l'idée n'était pas encore aboutie…

https://lienmini.fr/papetpille45

Quelques tips de nous à vous !

- En tant qu'entrepreneur, vous devez penser et maîtriser toutes vos dépenses. Se faire prêter des bureaux, utiliser le coworking, permet de minimiser les dépenses. Vous devez avoir ce souci de l'économie, car si vous n'avez plus de cash, vous n'avancerez plus. Et les banques ne prêtent pas pour nourrir votre fond de roulement. Vous devez veiller sur votre trésorerie comme le lait sur le feu. Mettez des outils en place et regardez régulièrement ce qui va rentrer, et quand, et ce qui va sortir, pour éviter les mauvaises surprises.
- Le coworking est la meilleure manière de profiter de l'expérience de ceux qui vous entourent. C'est selon moi une expérience importante quand vous démarrez. Des lieux comme Station F, les pépinières ou les incubateurs sont propices à l'échange et la synergie. Pour cela, il faut être à l'écoute et côtoyer des entreprises à différents stades de développement. Depuis, nous avons grandement développé notre réseau et surtout nous nous sommes installés comme le lien entre toutes les entreprises que nous avons rencontrées. Il nous arrive régulièrement de connecter des entreprises entre elles.
- Filmer et documenter nos aventures en vidéo nous a permis de créer un contenu de qualité. Le partager a fait de nous des créateurs de contenu et créé une communauté engagée de plus en plus large. La viralité de certaines vidéos nous a permis de parler à un grand nombre de personnes et d'être identifiés comme des entrepreneurs qu'il faut suivre. Avoir figuré dans le top 10 des créateurs de contenu LinkedIn dans la catégorie « entrepreneur à suivre » a boosté nos audiences.

33

Tour de France en Tesla customisée

C'était l'heure des vacances d'été, mais un entrepreneur n'est jamais en vacances ! Du moins, pas dans les débuts de l'aventure. Suite à notre partenariat avec TotalEnergies, nous avions décidé de faire un « Tour de France » de deux semaines, au mois d'août, pour organiser des dégustations de nos biscuits. On a préparé notre voyage, du départ à l'arrivée, avec toutes les étapes du trajet. Le but était vraiment d'aller à la rencontre de nos clients, des stations-services qui nous avaient référencés, mais aussi des autres entrepreneurs. Ce n'était pas vraiment des vacances, c'est resté une campagne de communication !

Au départ, on avait pensé à louer un camping-car électrique, mais impossible d'en trouver. On voulait quand même se tenir au défi du « full électrique », alors on s'est rabattus sur une Tesla de location ! Une voiture particulière pour nous : il fallait vraiment faire des arrêts très réguliers pour la recharger et y être extrêmement attentifs car elle était toute neuve ; si par mégarde on l'abîmait, on aurait des dédommagements à payer pour chaque petite rayure…

Nous avons réuni plusieurs partenaires autour du programme pour en faire un événement exceptionnel. Et on a fait un *covering* intégral de la voiture pour la mettre aux couleurs de Pap et Pille. Pour cela, on a réussi à fédérer une petite entreprise à côté de chez nous, Facing, avec Clément. Ils ont été adorables avec nous et ont réalisé en quelques jours un travail qui prend normalement plusieurs semaines. Ce premier partenariat a donné le ton qui allait être celui de notre voyage. Dès les premières stations-services où nous nous sommes arrêtés, il était clair que tous les employés nous connaissaient ! Ils se souvenaient de la vidéo avec monsieur Pouyanné… ils l'avaient tous vue ! Et ils avaient une vraie volonté de nous voir réussir.

Pour vous donner une idée de ce qu'on a vécu pendant ces deux semaines, voici une anecdote significative : après seulement quatre jours de voyage, en allant faire un don de nos produits à une association, comme nous l'avions prévu, j'ai malencontreusement heurté un trottoir et crevé un pneu. On était samedi, il était 10 h du matin, tous les garages fermaient à midi, et trouver des pneus pour une Tesla semblait vraiment très compliqué ! Les voitures électriques ont des pneus spécifiques, et pour en changer un il faut un garagiste formé pour cette opération.

Alors Fatiha a eu la brillante idée de faire un post Instagram où elle montrait ce qui nous arrivait, en expliquant que nous devions trouver une solution pour pouvoir continuer notre Tour de France. Ce qui est fou, c'est que la sphère Instagram a pris très au sérieux notre demande et plein de gens ont commencé à appeler les garages de la région pour se renseigner. Un garagiste que j'ai eu au téléphone m'a dit que j'étais déjà la cinquième personne à l'appeler pour cette demande !

Un impressionnant élan de solidarité s'est installé. Une personne s'est même déplacée pour se mettre à notre disposition, merci Gilles et nous conduire dans les différents garages. Grâce à tout ça, à 12 h 15 on avait trouvé un pneu neuf. En revanche, il fallait faire une heure de route pour se le procurer et le vendeur était sur le point de fermer pour partir en vacances. Mais quand je lui ai fait part de la situation, il a dit : « OK, ne vous en faites pas, je vais vous attendre. » On était samedi après-midi, on avait maintenant le pneu mais tous les garages étaient fermés, et là il s'est passé un truc encore plus magique. Parmi les personnes qui nous suivaient sur les réseaux, l'une avait un mari garagiste dans le coin ! Il a ouvert son garage pour nous permettre de reprendre la route. On n'en revenait pas de tout cet amour reçu de la part des gens qui nous suivaient !

Par la suite, on a de nouveau utilisé Instagram pour trouver un logement pendant le week-end du 15 août, dans le sud de la France. Tout était complet évidemment, ou alors il aurait fallu débourser 1 000 € pour une nuit d'hôtel : tout simplement impensable pour nous. Un petit post Instagram pour demander si quelqu'un pouvait nous héberger, et pendant les cinq derniers jours du voyage, ce sont nos abonnés qui nous ont accueillis chez eux ! Guillaume nous a hébergés à Cournonterral près de Sète, et on a pris un super apéro avec Nicolas Masson et sa famille. Chaque fois, de magnifiques rencontres pleines d'enthousiasme qui ont transformé ce voyage en un moment unique. Outre nos biscuits amoureusement préparés, on était en train de créer une véritable communauté de gens épatants !

https://lienmini.fr/papetpille46 https://lienmini.fr/papetpille46-3

Quelques tips de nous à vous !

- Rien ne se passera jamais comme vous l'avez prévu ! Vous aurez beau faire tous les business plans du monde, il y aura toujours des dépenses imprévues, des galères qui vous ralentiront ou des surprises positives qui accéléreront le tout. Le plus important c'est de toujours garder vos objectifs. Quoi qu'il se passe, restez positif. C'est ainsi que vous parviendrez à fédérer des gens qui le sont tout autant que vous et qui seront moteurs dans votre aventure.

- Essayez, expérimentez, demandez, soyez dans l'action. Cela vous permettra de tester votre entourage, votre réseau, votre résilience. Si vous n'osez pas, vous risquez de passer à côté d'opportunités. C'est valable pour tous les aspects de votre vie. Aller aborder Fatiha alors que c'était une élève lors de mon intervention dans son école, c'était osé et risqué, mais aujourd'hui je sais que c'est l'événement qui a transformé ma vie. Quel aurait été mon destin si je ne lui avais pas parlé ? L'histoire serait différente. Et je ne serais certainement pas là, à vous écrire ces mots.
- L'authenticité et la transparence sont, je pense, les valeurs qui permettent à ceux qui nous suivent de s'identifier. Mon père me dit régulièrement : « Fais le bien autour de toi, et tu t'entoureras de gens bien. » Nos actions positives semblent créer une énergie tout aussi positive autour de l'aventure Pap et Pille.

LE REGARD DE FATIHA

« Prendre conscience de notre impact et en faire quelque chose... »

Si je n'étais pas dans l'aventure Pap et Pille, je douterais de la véracité de nos histoires. Ce qui s'est passé cet été-là a montré que derrière les réseaux sociaux il y a des personnes qui n'hésitent pas à en aider d'autres qu'elles ne connaissent pourtant pas réellement. Le partage de nos aventures a créé une proximité qui donne l'impression aux autres de faire partie de notre quotidien.
En novembre 2022, nous sommes allés au salon du Made in France. Lorsque nous sommes arrivés sur l'événement, nous avons été surpris par l'accueil incroyable des entrepreneurs qui s'y trouvaient. Le moment était fou, nous ne pouvions pas faire un mètre sans être arrêtés par une personne qui nous connaissait, une autre qui voulait une photo ou encore des entrepreneurs qui avaient besoin de conseils ou de contacts.

Dans notre tempérament, il était inconcevable de ne pas répondre à tous.
Nous étions suivis par un journaliste, Igor Sahiri, qui faisait un sujet sur le made in France, et sa réaction nous a fait prendre conscience de ce qui se passait autour de Pap et Pille. Il demandait aux entrepreneurs : « Mais qu'est-ce qu'ils représentent pour vous ? Et pourquoi vous voulez absolument leur parler ? » Puis il nous a demandé : « Pourquoi vous aidez autant de personnes et pourquoi vous partagez votre réseau ? » Sa dernière phrase fut déterminante pour la suite : « Vous ne pourrez pas aider toutes ces personnes. Sinon vous serez obligés de vous y mettre à plein temps ! »
On commençait à se rendre compte du constat que faisait Igor. De plus, nous avons des investisseurs, qui voyaient que nous réduisions le temps consacré à Pap et Pille. Et ce déséquilibre devait se justifier si notre investissement en temps nourrissait le business. C'est à ce moment-là que nous avons commencé à construire les nouvelles branches de Pap et Pille pour répondre à cette demande. Nous ne faisions plus que du biscuit…

34

On relance le président de la République ?

Notre rendez-vous avec Emmanuel Macron approchait à grands pas. Nous avions conscience de ce que représente un tête-à-tête avec un président de la République, dont le temps est forcément précieux. Que faire de cet événement ? Y aller, lui donner nos biscuits et ne lui parler que de nous ? Inenvisageable ! Pendant les mois qui ont suivi la première vidéo de notre rencontre à l'Élysée, nous avons réfléchi aux problématiques qui étaient les nôtres, dont nous pourrions lui faire part.

Première problématique : quand une entreprise accélère, elle a besoin de cadres qualifiés, de seniors, pour l'aider à se structurer ; or ces profils ont des exigences salariales forcément élevées. Ajoutez à cela les charges sociales, et vous êtes foutus ! Beaucoup de petites entreprises ne peuvent pas se permettre d'embaucher ce genre de profil. Pourquoi ne pas envisager un procédé qui permette d'exonérer ces emplois des charges sociales pendant un an ou deux, le temps de donner aux start-up une chance d'embaucher les bons profils pour se développer vraiment ? Est-ce qu'un projet de loi sur le recrutement, prenant en compte ces données, pourrait voir le jour ? Est-ce qu'on pourrait former un groupe de travail pour plancher sur cette question ?

Il existe en France un dispositif qui s'appelle les « Emplois francs ». Si vous embauchez une personne issue d'un « quartier défavorisé » pour lui donner sa chance, l'État vous accompagne par une exonération de charges pendant cinq ans. Est-ce que, dans le même esprit, l'État pourrait soutenir les entreprises de moins de 10 salariés, qui font plus de 200 000 € de chiffre d'affaires (suite à une levée de fonds ou non) et qui sont en pleine accélération, en leur accordant une exonération de charges pendant la durée nécessaire à cette accélération ? Cela leur permettrait d'embaucher malgré un fond de roulement faible. Et même de créer deux emplois au lieu d'un…

Pour réfléchir à la question, nous avons sollicité Olivia Grégoire, ministre déléguée chargée des Petites et Moyennes Entreprises, du Commerce, de l'Artisanat et du Tourisme. Nous avons réussi à obtenir un rendez-vous avec son cabinet. Ils ont été très à l'écoute et nous ont aidés à préparer au mieux notre rencontre avec le président sur ce sujet.

Deuxième problématique : nous avions également des soucis avec l'industrialisation et, à force d'échanger avec nos investisseurs et d'autres industriels, il nous paraissait clair que cela était dû aux obligations de volume qu'ont les industriels, incompatibles avec les petites productions d'entreprises comme la nôtre. Travailler sur de petites quantités entraîne des coûts vraiment plus importants. Par conséquent, le coût de production est trop élevé pour une petite entreprise, et les tâches engendrées ralentissent les autres lignes de production de l'industriel concerné. Non seulement les petits volumes ne sont pas rentables pour un industriel, mais s'il doit en plus arrêter sa ligne de production pour placer vos produits et perdre du temps à tout nettoyer ensuite, c'est pour lui un manque-à-gagner significatif. De ce fait, on peut comprendre que les industriels soient réticents à l'idée d'accompagner des entreprises naissantes.

https://lienmini.fr/papetpille46-2

Avec l'un de nos investisseurs, Didier Boullery, coprésident d'ESSEC Alumni Business Angels, nous avons ainsi rédigé une proposition de texte de loi intégrant une subvention destinée à aider les industriels à supporter le poids du surcoût d'un travail en petits volumes. Le but étant de stimuler les partenariats industriels en France avec les petites entreprises. Ce texte propose la mise en place d'un dispositif qui compenserait par un allègement d'impôts proportionnel le manque-à-gagner (documenté et chiffré selon une convention très spécifique) d'un industriel qui accepterait d'accompagner des start-up.

Nous avons eu un premier rendez-vous avec Julia Clavel, chargée de mission au sein du cabinet d'Emmanuel Macron. Nous lui avons présenté notre projet, nos initiatives, et elle nous a confirmé que nous obtiendrions notre rendez-vous. Des événements liés à l'actualité avaient perturbé le calendrier du président et elle nous demandait simplement d'être patients.

https://lienmini.fr/papetpille47

Mais neuf mois plus tard, toujours rien, l'agenda du président n'avait apparemment pas de place pour nous ! Je m'étais pourtant montré plutôt insistant auprès de son cabinet pour qu'il tienne sa parole. Je sentais la pression de tous les entrepreneurs qui nous avaient fait confiance en nous envoyant des produits pour notre panier garni (Fatiha vous en parle juste après), je ne voulais pas les décevoir.

Alors quand je suis tombé sur un article des Échos qui annonçait la présence d'Emmanuel Macron au Salon de l'agriculture fin février 2023, j'en ai parlé à Fatiha. Elle m'a dit : « Tu devrais y aller pour lui rappeler son engagement. »

On a décidé de faire les choses bien, avec un vrai caméraman pour m'accompagner et me filmer dans cette nouvelle aventure.

J'ai eu la chance de rencontrer rapidement Édouard Hermet et Thibault Van den Eynde, pour lesquels j'ai eu un vrai coup de foudre professionnel. Ils connaissaient déjà notre fougue et notre envie de faire bouger les choses. Alors quand je leur ai confié mon ambition d'alpaguer une nouvelle fois le président de la République, j'ai tout de suite senti que le feeling était là.

Pour moi, c'était l'occasion de valider ma méthode : est-ce que j'arrivais à tous les coups à obtenir une entrevue avec quelqu'un d'important, alors que cette personne n'avait absolument pas prévu de m'accorder du temps ? J'ai réitéré les étapes dont je vous ai parlé quand je vous expliquais comment j'ai abordé Emmanuel Macron une première fois, mais aussi lors de ma rencontre avec Patrick Pouyanné sur un salon.

Première étape, analyser l'événement : je suis allé sur le site du Salon de l'agriculture pour consulter la liste des exposants, voir s'il y avait des gens que je connaissais et récupérer le plan des lieux. Ensuite, j'ai regardé les vidéos des années précédentes pour observer comment s'était déroulée la visite du président. J'ai remarqué qu'il passait beaucoup de temps dans le hall 1, où sont les agriculteurs et les animaux de concours.

Deuxième étape, se renseigner sur la cible : j'ai lu les derniers articles et posts LinkedIn au sujet du président et regardé ses dernières prises de parole. Cela m'a permis de repérer des éléments de langage pour personnaliser mon pitch de manière à faire écho aux mots du président et créer un « effet miroir » qui inspire confiance.

Troisième étape, préparer son pitch : je l'ai écrit la veille, et me suis entraîné en me filmant avec mon téléphone. Il ne fallait pas que ça dure plus d'une minute, et je devais absolument trouver la bonne phrase d'accroche. Le plus dur est d'attirer l'attention de quelqu'un de très sollicité, et surtout de la garder alors qu'on se trouve dans une foule de gens ! Le pitch doit contenir un ou deux messages ou une ou deux demandes. J'avais en tête que le président nous accorde le tête-à-tête de 20 minutes qu'il nous avait promis et qu'il préface notre livre.

Avec Fatiha nous avions préparé le pitch dans ce sens. Mais finalement je me suis dit que c'était plutôt égoïste, comme demande. Le président ne pouvait évidemment pas prendre le temps de recevoir tous les Français un par un ! Il fallait que je vise quelque chose de plus large. Pourquoi pas tenter une rencontre avec 50 entrepreneurs ? Ainsi, la balance gagnant/gagnant me semblait équilibrée : cela ajoutait de l'intérêt pour le président, et ma demande concernait d'autres que moi.

Le résultat, vous le voyez dans la vidéo.

https://lienmini.fr/papetpille47-2

Emmanuel Macron nous a proposé de remplir la salle des fêtes de l'Élysée, et de passer 45 minutes avec nous ! À moi maintenant d'organiser cette rencontre : il va falloir choisir les entrepreneurs, proposer des temps de parole, réunir les thématiques, de manière à ce que ce rendez-vous soit le plus optimal et efficace possible ! Dès que nous avons publié la proposition sur LinkedIn, nous avons reçu plus de 1 000 demandes de participation… L'idée est que lorsque nous ferons la photo de groupe sur le perron de l'Élysée, le plus de diversité possible soit représenté ! Mais nous ne pourrons évidemment pas retenir toutes les candidatures. D'où l'idée de créer un cahier de doléances que nous remettrons en main propre au président, pour donner l'occasion à tous les entrepreneurs de s'exprimer.

Quelques tips de nous à vous !

- Qui sommes-nous pour proposer un groupe de travail sur une loi ? Nous sommes sur le terrain ! Les problématiques, nous les vivons, nous nous y confrontons et c'est de notre devoir de les faire remonter au plus haut afin de faire bouger les choses. Ne demandez pas d'autorisation, agissez, et si votre proposition fait écho, vous serez naturellement légitime. Et si ce n'est pas le cas, vous pourrez vivre sans regrets.
- Toutes nos actions et notre proximité avec les autres entrepreneurs ont créé un espoir en eux et un devoir chez nous. Cette pression nous donne l'impression de ne pas avoir droit à l'échec. Pour certains cela pourrait être paralysant, pour nous c'est moteur. Une expression américaine dit : « *Fake it, Do it.* » Parfois j'affirme des choses comme si elles étaient faites, alors qu'elles sont seulement en cours. C'est une manière personnelle de me mettre une pression au résultat et ainsi puiser dans mes ressources pour y arriver.

LE REGARD DE FATIHA

« Qu'est-ce qu'on apporte au président de la République ? »

Quand tu es invité chez quelqu'un, tu n'arrives pas les mains vides, n'est-ce pas ? Raibed et moi, on se voyait mal se présenter à l'Élysée avec seulement nos biscuits Pap et Pille. Qu'apporter d'autre ? J'ai alors pensé à toutes les petites entreprises qu'on avait rencontrées, avec des produits super intéressants, tous « made in France ». Je suis moi-même devenue une adepte de certains d'entre eux. Je me suis dit : « Tiens, si on préparait un panier garni pour le président, avec des petites marques qu'on aime bien ? »
Raibed a trouvé l'idée géniale, sauf qu'on ne pouvait pas se permettre de choisir arbitrairement des marques qu'on connaissait, on avait tellement la tête dans le guidon… il

valait mieux élargir l'éventail le plus possible, en lançant un appel à toutes les entreprises qui voudraient participer. On a donc posté notre annonce sur LinkedIn : « Pap et Pille à l'Élysée, faites partie du panier garni ! » Une seule condition pour participer : que les produits soient « made in France ». Nous avions prévu de sélectionner une cinquantaine de marques pour notre panier.
Plus de 300 marques nous ont contactés pour mettre en avant leurs produits. En faisant un premier tri – on a mis de côté tout ce qui n'était pas un produit mais un service, ou les produits trop volumineux pour correspondre à notre objectif –, on a identifié 160 marques éligibles. Raibed a demandé à une personne de l'équipe d'envoyer un mail à 60 marques choisies après un deuxième tri. Mais le collaborateur a fait une erreur de manipulation et envoyé le mail aux 160 marques, en leur demandant de nous envoyer un échantillon à notre adresse personnelle. La semaine qui a suivi a été une pure folie ! Un balai incessant de livreurs a défilé devant notre porte. Certains se sont même déplacés jusqu'à chez nous pour nous remettre leur produit en main propre. Un matin j'étais en pyjama, pas bien réveillée, les cheveux en pagaille. Quelqu'un sonne à la porte, j'ouvre : c'était une personne qui habitait pas très loin, qui avait créé sa marque et souhaitait nous remercier en personne. Comment ne pas l'accueillir ! Les gens semblaient heureux de faire partie de l'aventure, et c'est exactement ce qu'on souhaitait.
En quelques jours, notre salon s'est transformé en hangar de stockage. Nos filles avaient l'impression d'avoir reçu énormément de cadeaux. On a même envoyé une vidéo au cabinet du président pour leur montrer l'ampleur du phénomène… Les marques postaient sur LinkedIn leur joie de se retrouver bientôt dans le bureau d'Emmanuel Macron et nous remerciaient pour cela. Une fois de plus, on ne s'était pas réellement rendu compte de ce qu'on allait déclencher… mais quel plaisir de voir cet enthousiasme !

On aime penser collectif même si par définition l'entrepreneuriat est une discipline qui se joue individuellement ; car la vraie réussite se savoure à plusieurs. Il y a de la place pour tout le monde et la concurrence est bonne. Créez des cercles vertueux, favorisez l'échange et vous vous apercevrez que votre concurrent peut devenir un booster incroyable !

https://lienmini.fr/papetpille48

35

Le premier talk-show pour les entrepreneurs

C'est mi-septembre 2022 que nous échangeons avec Harold Gardas, CEO de KÖM Média, sur l'éventualité de faire appel à eux comme agence de design et marketing. Notre directrice artistique vient de nous quitter et nous ne l'avons pas encore remplacée. Harold a déjà réalisé une interview de notre couple qui a très bien fonctionné. Ce qu'on aime dans sa ligne éditoriale, c'est qu'il souhaite créer le premier média pour les entrepreneurs.

https://lienmini.fr/papetpille49

Harold m'a expliqué qu'il aimerait faire une émission pour les entrepreneurs, dans laquelle deux spécialistes et un entrepreneur seraient invités pour débattre sur différentes problématiques de l'entreprise. L'explication était un peu floue mais j'ai enregistré l'idée. Une semaine plus tard, j'étais dans ses bureaux et nous avons repris la discussion. Entre-temps, l'envie de créer une grosse émission pour les entrepreneurs avait germé dans ma tête. Je lui ai donc pitché mon idée : créer le *Touche pas à mon poste* des entrepreneurs, une sorte de *Touche pas à mon business*. Certes, nous ne pourrions pas utiliser ce titre, mais cela expliquait clairement l'ambition. Il fallait aussi s'inspirer d'une émission très utile comme celle de Stéphane Plaza. Ce présentateur a réussi à créer une émission qu'on a envie de regarder, même si on n'a pas les moyens de se payer un appartement ou une maison. On passera quand même un bon moment et on sera content pour ceux qui auront trouvé le logement adéquat. Mais le plus fort dans tout ça, c'est qu'après avoir visionné un épisode, on aura appris à calculer une loi Carrez, à faire du home staging pour qu'une maison gagne en valeur, et on saura qu'un studio à Paris vaut 500 000 €.

C'était cela qu'il fallait viser : un divertissement pédagogique. Un rendez-vous pour les entrepreneurs, lors duquel ils pourraient s'exprimer, mais aussi écouter les analyses de spécialistes sur les sujets qui les concernent. Un rendez-vous pour mettre en avant les entreprises qui en ont besoin, transmettre des informations mais aussi des conseils pragmatiques et ciblés délivrés par des personnes qui connaissent l'écosystème entrepreneurial. Autour de la table, il y aurait également des créateurs de contenu sur LinkedIn, des artisans, des chefs d'entreprise, des experts-comptables, des avocats, et toutes sortes de personnes qui font partie de l'écosystème et en sont représentatives.

Bingo, on venait de trouver ce qu'on allait présenter au président : cela s'appellerait *Charabia*. Le premier talk-show pour les entrepreneurs. Le rendez-vous hebdomadaire qui démocratise la compréhension de l'écosystème start-up/entrepreneuriat et donne des conseils activables pour entreprendre. Qui donne la parole aux acteurs de l'écosystème, en vulgarisant le discours et en abordant des sujets d'actualité importants sous un angle fun et pédagogique.

On a donc ensemble estimé le coût d'un tel projet. Sachant que pour profiter au maximum des coups médiatiques que nous préparions, il fallait que ce programme soit diffusé mi-novembre 2022, et nous étions déjà mi-octobre. On avait quatre semaines pour trouver l'argent, préparer le contenu, tourner l'émission, la monter et la diffuser. On s'est réparti les tâches mais avant tout, il fallait régler la question financière.

Un fait inattendu a accéléré les choses – ou plutôt une personne : Lionel Canesi, le président du Conseil national de l'ordre des experts-comptables. Il se trouve que Fatiha et moi étions conviés à l'événement annuel de remise des diplômes des experts-comptables, Porte de Versailles à Paris. Nous avions été contactés pour y faire un pitch devant plus de 4 000 personnes : raconter notre histoire de manière à inspirer les jeunes générations d'experts-comptables. On avait été très touchés par cette proposition et cette approche tournée vers les jeunes. Et comme nous sommes perfectionnistes, nous avions préparé un pitch personnalisé en mettant en avant toutes les étapes importantes lors desquelles un expert-comptable était intervenu dans notre histoire. Et on y avait ajouté une dose d'humour !

https://lienmini.fr/papetpille50

Cette prestation a fait un carton. Lionel Canesi est venu nous remercier en personne, avec une grande simplicité. Malgré son statut de président, il nous a semblé très ancré sur le terrain et au courant des besoins des entrepreneurs. Il nous a expliqué sa volonté de mettre en avant ce que nous décrivions dans notre discours : la collaboration entre l'expert-comptable et les entrepreneurs. J'ai senti à ce moment-là que je devais lui parler de *Charabia*. Comme le projet lui a plu, je lui ai exposé notre besoin d'un soutien financier pour aller au bout de l'idée, et il m'a répondu cette phrase extraordinaire : « Tu peux compter sur moi, viens dans mon bureau la semaine prochaine et on verra comment mettre ça en place. » C'était fou !

J'ai immortalisé le moment en vidéo et l'ai envoyé au groupe WhatsApp du projet, composé de Harold, Ruben Taïeb – l'un des futurs chroniqueurs qui nous a aidés dès le début à penser le programme – et Camille Midière, qui est chargée de la réalisation chez KÖM. Ils étaient sidérés par la rapidité avec laquelle on avait trouvé les fonds. Ils voulaient une confirmation, tant cela leur semblait incroyable. Camille nous a aidés à poser dans un PowerPoint ce qui serait la base de *Charabia*. Une semaine plus tard, j'étais dans le bureau de Lionel et en quinze minutes je lui ai présenté l'émission. Il m'a donné un accord en tant que sponsor officiel.

À ce stade, rien n'était encore fait ! En parallèle de Pap et Pille, nous allions devoir nous atteler à la production de *Charabia* : définir la ligne éditoriale, créer le contenu, recruter les chroniqueurs, faire le casting des start-up et surtout construire le plateau… On ne savait plus où donner de la tête ! Plus on avançait et plus les difficultés se démultipliaient. Des chroniqueurs qui annulent, des dépenses imprévues, on a rapidement eu besoin d'une rallonge budgétaire. J'ai pris contact avec plusieurs personnes de mon carnet d'adresses, mais personne n'y croyait assez. Ils préféraient attendre la deuxième émission pour s'investir.

Mais Valentin Scotto a réagi différemment. Je l'avais rencontré grâce au post LinkedIn « J'irai bosser chez vous » et ainsi découvert l'entreprise dans laquelle il travaille, Axonaut, un logiciel de gestion pour TPE et PME qui permet de piloter sa boîte facilement – facturation, base clients, mails, etc. Quand je lui ai parlé du projet, il a immédiatement compris que la cible de *Charabia* était totalement alignée avec celle d'Axonaut.

On était la veille du tournage. Je lui en ai parlé à 9 h du matin, alors qu'il se trouvait au Canada (3 h du matin pour lui). Il en a discuté avec Nicolas Ricard et Nicolas Michel, les fondateurs d'Axonaut, qui ont également été séduits. D'une part par l'idée d'accompagner la cause soutenue par ce programme, et d'autre part pour profiter des retombées du sponsoring. Ils y croyaient à fond !

À 21 h, on a fait une visioconférence avec Valentin, qui m'a dit : « GO ! »

Harold a bondi jusqu'au plafond : on venait de trouver le dernier soutien qui allait nous permettre de terminer sereinement le tournage et d'obtenir la qualité que nous souhaitions. Le lendemain, il a fallu adapter notre discours, penser à bien remercier tous nos sponsors. Tout en organisant en catastrophe la création d'une capsule permettant de rendre visible Axonaut sur un épisode et organiser le jour même la venue d'une personne de leur équipe, depuis Montpellier.

Nous sommes parvenus à tenir tous nos engagements et la première émission a été bouclée en un temps record.

Quelques tips de nous à vous !

- L'entrepreneuriat est une histoire de rencontres. L'histoire de Pap et Pille le montre bien. Toutes les rencontres que nous avons faites pendant notre parcours nous ont permis d'évoluer, de nous améliorer, de créer de nouvelles choses. Toute rencontre est utile dans le bon comme dans le mauvais. Soyez attentif car certaines personnes vont vous vendre du rêve, vous faire perdre du temps... sachez en tirer un enseignement. Soyez ouvert mais prudent, soyez accueillant mais suspicieux... Un grand P.-D.G. m'a dit : « Les meilleurs *business men* sont des paranoïaques qui ne le montrent pas ! »
- Vous allez commencer avec une idée, un business... Celle-ci va évoluer et peut-être prendre une tournure que vous n'auriez pas imaginée. Si vous êtes toujours aligné avec vos valeurs et vos attentes, c'est que vous êtes au bon endroit au bon moment. Les choses n'arrivent jamais par hasard. Beaucoup d'entrepreneurs ont commencé par un business et se sont diversifiés par la suite. Il faut distinguer la dispersion – faire trop de choses dans tous les sens – et la diversification, qui montre une cohérence et un fil rouge entre toutes vos activités.
- Quand vous avez une idée, travaillez votre pitch. Il faut être convaincant, attrayant, divertissant. La rencontre avec celui ou celle qui va acheter votre idée peut se présenter à n'importe quel moment. Donc prenez le temps de vous préparer, de tester votre discours sur vos proches. Je me répète, mais la préparation est la clé sur ce genre de sujet !

36

Charabia, première

Pour soutenir la lancée de l'émission, nous souhaitions une caution venant de l'État lui-même. C'est pourquoi je me suis mis en tête de faire venir Emmanuel Macron sur le plateau. Histoire de faire tout mon possible pour que cela se réalise, je me suis mis à affirmer ouvertement qu'il allait venir ! On en pense ce qu'on veut, c'est ma manière à moi de me motiver… J'ai pour cela cherché l'appui de la ministre des TPE/PME Olivia Grégoire. Son cabinet a essayé d'organiser les choses, mais comme le timing était extrêmement serré, voici la réponse que j'ai obtenue :

> *Bonjour ! Merci beaucoup pour le projet envoyé, c'est très intéressant, mais ça va être très compliqué pour nous cette semaine et globalement jusqu'à la fin de l'année. L'agenda est complètement full.*
> *Est-ce que tu as l'intention de renouveler cette émission dans les mois à venir ? Peut-être que tu peux nous tenir au courant de ton programme régulièrement pour que l'on étudie une participation éventuelle en début d'année ?*

OK, j'avais besoin que la première saison soit incroyable, pour que la deuxième soit exceptionnelle ! J'ai donc poussé le bouchon et demandé à la ministre une vidéo dans laquelle elle s'exprimerait, et que je pourrais diffuser sur le plateau. Je n'ai pas relâché la pression, en lui envoyant des images de la construction du décor, de manière à lui montrer le projet pharaonique qu'on avait lancé. Mais on a dû commencer à tourner, et je n'avais rien obtenu.

Alors j'ai décidé d'y aller au bluff : sans prévenir personne, j'ai annoncé directement pendant le tournage de l'émission que la ministre voulait nous faire passer un message. J'ai expliqué aux intervenants présents sur le plateau ce que j'avais demandé à la ministre et ce qu'elle était censée m'avoir répondu – l'idée étant d'insérer ensuite son intervention au montage. Au culot !

Deux jours après la fin du tournage, Olivia Grégoire m'a promis qu'elle me fournirait cette vidéo avant que l'émission soit diffusée, ce qu'elle a fait. Bruno Lemaire, ministre de l'Économie et des Finances, nous a lui aussi fourni une vidéo d'encouragement, et l'ancien ministre Arnaud Montebourg a soutenu notre initiative.

La première diffusion de *Charabia* a eu lieu le 22 novembre 2022, le jour anniversaire de notre mariage, Fatiha et moi… et l'émission a cartonné, avec plus de 1,5 millions de vues cumulées sur YouTube en 4 semaines. C'était dingue ! Le programme est perfectible, bien sûr, et nous avons prévu de développer son contenu dans les émissions à venir. Mais en tout cas, c'est acté : nous avons relevé le défi lancé par le président de la République. Il ne nous reste plus qu'à attendre la confirmation du rendez-vous afin de lui présenter tout ce qu'on a mis en place.

https://lienmini.fr/papetpille52 https://lienmini.fr/papetpille53

https://lienmini.fr/papetpille54 https://lienmini.fr/papetpille54-02

Plus tôt dans le livre, je vous ai parlé d'Antoine de Riedmatten, le président de In Extenso. Depuis notre rencontre, c'est une personne que j'appelais de temps en temps pour lui faire part de nos avancées, de nos idées sur l'entrepreneuriat, de nos rencontres. Il avait toujours un petit conseil et une analyse très pragmatique des choses.

Après la sortie de *Charabia*, il m'a appelé pour nous féliciter. Nous avons beaucoup discuté et je lui ai fait part de mon insatisfaction sur cette première saison. Nous étions trop dans le divertissement, oubliant de distiller plus de conseils concrets. Et je trouvais que ma prestation n'était pas à la hauteur de mes exigences.

Il m'a rassuré, a eu des mots très soutenants et m'a dit : « Ce que vous faites aujourd'hui avec vos petits moyens et vos petits bras est remarquable, vous inspirez les autres à entreprendre. Il n'y en a pas mille des comme vous ». Étant sensible à la flatterie, ça m'a fait plaisir.J'en ai profité pour lui confier une idée qui me trottait dans la tête depuis un moment : créer les Entrepreneurs Awards. Les événements d'entrepreneurs ne sont pas assez tournés vers le grand public, contrairement aux Césars ou au Ballon d'or, dont tout le monde parle, même sans être spécialiste de ces domaines.

Mais attention, il s'agirait de réunir sur scène toute la France de l'entrepreneuriat. Je suis intimement convaincu que chacun a en lui le rêve d'être un jour son propre patron (plus que devenir footballeur professionnel !). Il serait donc judicieux de créer une cérémonie qui mettrait en avant tous ces parcours inspirants.

J'ai vu dans les yeux d'Antoine qu'il était sensible à l'idée. J'ai donc sauté sur l'occasion pour lui demander de me soutenir. Mais ce sera une anecdote pour le volume 2 de cet ouvrage *On ne lâche toujours rien…*

Harold Gardas,
CEO de KÖM Média

Raibed, Raibed, Raibed *(sourire)*.

C'est une histoire totalement folle ! Je l'avais déjà vu sur les réseaux sociaux et notamment LinkedIn pour la 1 783e fois (comme vous tous et toutes !). Je le croise avec Fatiha, aux bureaux, car il venait tourner un format chez KÖM Média. J'ai tout de suite senti une personne qui avait l'envie de MANGER le monde. Mais le manger avec bienveillance.

Et j'ai été aussi touché par ce couple avec deux personnalités complémentaires et une énergie incroyable dans la présence et aussi dans l'engagement.

Je croise Raibed une deuxième fois, on discute, on accroche super bien et, de fil en aiguille, on commence à parler de synergie, de vision et de projets. Puis, naturellement, en est venus à une discussion autour de la création d'un premier talk-show d'entrepreneurs. L'idée est là, un mindset commun, le coup de cœur entrepreneur.

Trois semaines plus tard : le premier épisode est tourné.
Fatiha et Raibed, en deux mots : confiance et bienveillance.
Allez j'en rajoute deux de plus : adorables et déterminés.

Lionel Canesi, président du Conseil national de l'ordre des experts-comptables

C'est une success story à la française. Votre histoire, c'est l'exemple de ce que doivent faire les entrepreneurs : vous avez cette capacité à lancer une entreprise, à prendre des risques, c'est quelque chose d'extraordinaire. De l'audace, de l'envie et un enthousiasme contagieux.

Je pense que votre histoire est inspirante pour tout le monde, aussi bien les personnes en reconversion que les jeunes qui veulent entreprendre et qui se demandent comment faire.

Je vous ai découverts, ainsi que votre histoire, lors de notre congrès annuel qui est le plus grand congrès professionnel d'Europe. Vous avez fait preuve de talent devant une salle de près de 5 000 personnes ! Surtout, les experts-comptables ont à cœur d'accompagner les entreprises comme la vôtre car c'est lorsqu'on regarde le chemin que vous avez parcouru qu'on se rend compte que « prendre son risque » ça paye.

Vous représentez un exemple, une inspiration qu'on retrouve aussi chez les experts-comptables. Vous avez créé votre entreprise, comme le font les experts-comptables lorsqu'ils montent leur cabinet. Vous et nous avons l'esprit d'entreprise dans notre ADN.

Surtout, il faut que les experts-comptables soient présents pour accompagner les initiatives comme la vôtre. Nous sommes les premiers conseils des chefs d'entreprise et c'est pour cela que nous sommes présents dans votre nouvelle émission *Charabia*. Aujourd'hui, un entrepreneur ne peut pas se passer d'expert-comptable, comme la France ne peut pas se passer d'entrepreneurs comme vous.

Nicolas Michel,
cofondateur d'Axonaut

J'ai découvert Raibed et Fatiha grâce à la vidéo qu'ils ont faite avec le président de la République, et je me suis dit « OK, c'est culotté ».

Puis j'ai lu ce qu'ils partagent au travers de leurs réseaux sociaux, et finalement ce que je pensais être un joli coup de communication était en fait le dernier d'une longue série !

Alors quand j'ai vu qu'ils cherchaient du soutien pour lancer des projets visant à aider les entrepreneurs français, j'ai sauté sur l'occasion car c'est une ambition qui colle avec la vision d'Axonaut.

Un commentaire sur LinkedIn et un message privé à Fatiha plus tard, je réussis à avoir Raibed au téléphone.

Super accessible, spontané et amical, Raibed m'explique son projet et s'étale même sur les mille et une idées qu'il a en tête… J'ai vite compris sa façon de faire : très pro-actif et directement dans l'action, j'adore !

Quelques semaines plus tard, on accueille Raibed dans les locaux d'Axonaut et on forme Fatiha sur notre outil, la machine est lancée !

Quelques tips de nous à vous !

- Votre force de conviction et l'énergie que vous allez mettre dans vos projets se ressentiront. Elles vous permettront d'embarquer les gens dans vos aventures. Le dénominateur commun de ceux qui nous entourent est leur implication. C'est pour cela qu'avec Fatiha on a créé des groupes WhatsApp, on leur envoie des vidéos avant même la publication sur les réseaux. Une sorte d'avant-première pour les remercier d'être là, qui permet aussi d'avoir leur retour sur les sujets. Soyez attentif à créer du lien, car l'aventure entrepreneuriale prend une tout autre dimension quand on arrive à fédérer des personnes qui suivent le développement de l'entreprise.

- Il y a toujours un premier jet de votre idée. Gardez en tête qu'elle est perfectible et assumez-le. Tout le monde comprendra vos intentions si vous les exprimez. Les gens seront indulgents si vous montrez vos failles. L'entrepreneur n'est pas un surhomme ou une surfemme, c'est un être humain doué d'émotions qui apprend au fil du temps et des expériences. Pour cela il faut être attentif à la critique constructive et savoir se remettre en question.

37

Notre exemple inspire LegalPlace

Le jour de la diffusion de *Charabia*, j'ai reçu sur LinkedIn un message de Marine Dumoulin Dubois :

> *« Hello Raibed, je travaille chez LegalPlace, une super app qui aide les entrepreneurs à créer et développer leur business en juridique, compta, social, etc. Je suis certaine qu'on peut créer des synergies ensemble ! Ça te dit qu'on en parle ? Si tu as 10 minutes en début de semaine et que tu recherches des partenaires, sponsors pertinents dans le domaine de l'entrepreneuriat, on peut échanger avec plaisir. »*

Je lui ai répondu en lui demandant un numéro de téléphone, et elle m'a mis en lien avec Samuel Goldstein, cofondateur de LegalPlace aux côtés de Mehdi Ouchallal et Racem Flazi. Dès notre échange téléphonique, le courant est bien passé. LegalPlace, c'est trois copains qui sont partis du constat qu'il était trop cher et trop compliqué pour de jeunes porteurs de projet de créer leur entreprise – produire les statuts et immatriculer une société coûte en moyenne 1 200 €, ce qui constitue une barrière à l'entrée. Ils ont donc décidé de lancer une plateforme qui rend possible la création d'entreprise pour 400 €. Pour cela, ils ont centralisé les besoins des petites entreprises et leur ont offert une digitalisation des aspects juridiques et comptables afin de les rendre accessibles. Ils ont ainsi complètement disrupté le marché, mais surtout ils permettent à beaucoup d'entrepreneurs qui n'ont pas les moyens de se lancer à moindre coût. Ils font en sorte que l'entrepreneuriat soit ouvert à tous !

Leur mission et leurs valeurs étaient tout à fait alignées avec les nôtres. Samuel nous a confié qu'ils voulaient aller encore plus loin en créant une formation pour accompagner les entrepreneurs de l'idée au démarrage de l'activité, en passant par la création. Alors, Fatiha et moi, on leur a raconté en détail notre parcours, notre condition modeste de départ, toutes nos galères et les difficultés rencontrées : le temps qu'il nous a fallu pour comprendre ce que c'est qu'entreprendre, l'histoire des statuts, du business plan, et comment nous avons réussi à franchir ces obstacles. On leur a parlé de tous ceux que nous avons rencontrés et qui connaissent les mêmes problèmes, parfois pire. Notre objectif global est de rendre accessible l'entrepreneuriat en vulgarisant le discours, en créant des synergies, en faisant de la mise en réseau et en partageant notre histoire afin d'inspirer et d'éviter aux autres de reproduire les mêmes erreurs que nous.

C'est là que Racem nous a dit : « Je comprends votre volonté de proposer de l'aide aux autres. Une chose plus utile que des conseils, c'est de transmettre aux autres ce que vous avez appris sur le terrain. Mais pour cela, vous devez vous poser et rédiger votre méthodologie. Car quand vous me racontez vos actions, je comprends que ce que vous faites, vous le pensez et vous le préparez. Vous avez une méthode, et c'est cela qui donne de la valeur à votre formation. »

C'est donc ensemble, avec LegalPlace, que nous avons décidé de créer une formation *via* des tutos pour accompagner pas à pas les porteurs de projet, les entrepreneurs, les chefs d'entreprise sur tous les aspects de la création et de la gestion d'entreprise. Les fondateurs de LegalPlace sont des spécialistes du sujet, et ils voient en nous un couple d'entrepreneurs capable de délivrer des messages au plus grand nombre avec une méthode fun et ludique. Beaucoup le font déjà, mais nous allions le faire à notre sauce, en dépoussiérant le modèle !

La réunion a duré deux heures, puis on s'est tous serré la main en se disant qu'on allait créer des outils au service des entrepreneurs, où qu'ils soient et d'où qu'ils viennent. Que la mission que nous nous étions donnée allait être d'utilité publique. Ces formations s'appuieront sur les enseignements que nous avons reçus ces dernières années. Le principe est simple : nous allons décortiquer le processus de création d'entreprise et illustrer chacune des étapes en vidéos, regroupées par modules. Nous y mettrons en lumière tous les acteurs qui peuvent accélérer un business. Cette formation vous permettra, de façon ludique et pédagogique, de remplir votre business plan. Vous pourrez vous appuyer sur des outils déjà existants proposés par la BPI et nous vous offrirons des modules d'appui pour rendre l'exercice plus digeste.

https://lienmini.fr/papetpille55

Si ce livre vous a donné envie de vous lancer, si vous avez déjà une idée d'entreprise, vous devez passer à l'action ! Alors rendez-vous sur ce lien, qui vous permettra de poser votre idée et d'écrire le début de votre propre histoire entrepreneuriale, en étant accompagné dans le processus à chacune des étapes indispensables. Bonne route !

https://lienmini.fr/papetpille55-2

Un dernier mot pour la route

Ce livre nous a permis d'effectuer un réel travail d'introspection et de prise de hauteur par rapport à notre parcours. Cela fait plus de trois ans qu'on est « la tête dans le guidon », et mettre tout cela par écrit nous a forcés à prendre du recul et faire le bilan.

Ce qu'on apprécie le plus, c'est d'avoir rencontré des entrepreneurs qui nous ont « scotchés » ! Edwin Ozier-Lafontaine en est un bel exemple. Lorsqu'il nous a contactés pour distribuer nos produits dans les DOM-TOM, nous étions réticents, car nous avions eu une mauvaise expérience avec un fournisseur, une facture impayée de 10 000 €. Mais Edwin a appliqué ce que nous prônons tout le temps : il est sorti de sa zone de confort pour forcer son destin. Nous lui avions dit non, mais cette réponse ne lui convenait pas. Alors, quand il a su que nous serions présents au salon Taste of Paris, il a élaboré son plan et fait preuve d'une audace incroyable : il a parcouru 8 000 km pour nous faire changer d'avis ! Edwin m'a donné une sacrée leçon ce jour-là.

https://lienmini.fr/papetpille56

On pense aussi à cet autre entrepreneur qui nous a littéralement harcelés pour obtenir une réponse : Instagram, Facebook, mail du site, SAV, LinkedIn, il a tout tenté ! Un état d'esprit comme on les aime. Il a créé pour les marques une plateforme de livraison de proximité à vélo. Une solution qu'on peut plugger directement sur son site. Lorsque je suis allé à sa rencontre, j'ai été bluffé par son investissement. Il avait transformé son appartement en lieu de stockage. Il avait même retiré son lit pour optimiser l'espace et il dormait entre les cartons ! Il m'a dit que ce qu'on partageait à travers Pap et Pille, notre attitude, l'inspiraient et lui donnaient le courage d'y croire.

https://lienmini.fr/papetpille57

Quand on voit le regard que des personnes importantes sur le plan politique posent sur notre couple entrepreneurial, nous en sommes très fiers. Ce sont des gens qui voient défiler énormément de personnes, mais nous les avons marqués. Nous avons apporté notre pierre à l'édifice.

https://lienmini.fr/papetpille58

Enfin, Anthony Bourbon a fait de nous un exemple dans son livre *Forcez votre destin* (Michel Lafon, 2022). La boucle est bouclée. Une personne que nous trouvons exemplaire nous présente à son tour comme un exemple à suivre. C'est un magnifique signe de reconnaissance.

https://lienmini.fr/papetpille59

Le chemin reste encore long, mais aujourd'hui nous sommes reconnus par nos pairs à travers nos actions et nos résultats. Nous ne sommes plus uniquement des biscuitiers, nous avons un rôle à jouer dans l'écosystème entrepreneurial, qui dépasse de loin notre produit. Notre engagement dans l'entrepreneuriat va se poursuivre avec la suite de *Charabia*, qui deviendra un rendez-vous récurrent, et la formation vidéo mise en place avec LegalPlace, un programme d'accompagnement et de soutien pour tous les entrepreneurs quelles que soient leurs conditions de départ.

Je me souviens de mes 17 ans, bloqué dans un lit à l'hôpital Necker, avec un périmètre de marche limité et une ambition bouillonnante... Aujourd'hui j'espère, aux côtés de Fatiha, atteindre des personnes qui nous ressemblent et leur donner l'envie et la possibilité de se lancer.

C'est donc naturellement que nous est venue notre dernière idée. Nous avons les connaissances pour créer une entreprise, nous avons le réseau de personnes qui peuvent booster un business, nous avons une audience de porteurs de projets, d'entrepreneurs ou de personnes qui souhaitent se reconvertir. Nous aimons communiquer et donner envie aux autres de se dépasser. Et si on mélangeait tout ça ?

Nous avons eu l'idée de créer un programme grâce auquel nous pourrons booster une entreprise en lui offrant une prestation avec un professionnel auquel elle n'aurait pas accès sans cela. L'idée est simple : quand on débute, on fait tout avec des bouts de ficelle, car on n'a pas les moyens de s'offrir les services des meilleurs professionnels dans les domaines dont on a besoin. On va donc donner cette chance que nous n'avons pas eue à des entrepreneurs qui n'ont pas d'importants moyens financiers au départ. Par exemple, si untel ne peut pas se payer la meilleure agence de design pour démarrer, on lui fournit la prestation. Un autre a besoin d'un très bon cabinet d'expertise comptable ? Pas de souci, c'est gratuit ! Pour y parvenir, nous irons chercher les sponsors nécessaires pour qu'ils offrent une prestation à ces petits entrepreneurs, en les aidant ainsi à devenir grands plus vite. Nous aurions adoré avoir cette opportunité à nos débuts, nous allons donc la créer avec Fatiha !

Raibed

Merci d'avoir lu cet ouvrage, dans lequel nous nous sommes livrés et avons partagé notre vision de l'entrepreneuriat. J'espère qu'il vous inspirera, qu'il vous sera utile. Notre objectif est d'être transparents sur les joies mais aussi les difficultés d'entreprendre. Chaque situation professionnelle a ses avantages et ses inconvénients. Faites votre choix en connaissance de cause, et surtout faites-le pleinement. Utilisez tous les outils à disposition pour travailler votre réseau car ce sera la clé de votre réussite.

Toutes les personnes citées dans ce livre peuvent en faire autant pour vous qu'elles en ont fait pour nous. Connectez-vous à elles, connectez-vous à d'autres. Personne n'est inatteignable ! Et n'oubliez pas que l'étincelle de la réussite peut venir de n'importe où, alors ne négligez aucune rencontre…

Fatiha

Remerciements

Promis, ce sont nos derniers mots, et ils sont destinés aux personnes les plus importantes de nos vies.

Raibed

Je souhaite remercier particulièrement mes parents, à qui je dédie ce livre.
Ce sont mes premiers investisseurs et modèles d'entrepreneurs.

Ma mère, qui a cru en moi dès le premier jour. Elle s'est toujours battue pour moi, essayant de comprendre les médecins et leur jargon incompréhensible, elle qui ne savait ni lire ni écrire.

Elle m'a accompagné dans l'acceptation de mon handicap, est restée à mon chevet lors de mes 21 interventions chirurgicales, m'a accompagné pour que je me lève de mon fauteuil roulant.

Elle m'a répété que ma différence était ma force, ne m'a jamais dit de ressembler aux autres. Elle m'a encouragé dans tout ce que j'ai entrepris, a payé mes études tant qu'elle le pouvait, et a eu le même investissement pour ces 6 enfants.

Le résultat ? Nous avons tous au moins Bac +3. Chacun de nous a un job et est engagé associativement. Ma mère a aujourd'hui dix petits-enfants. Nous la soutenons financièrement pour combler sa faible retraite et quand elle nous regarde, elle est fière.

Vous me demandez d'où je tiens mon audace et ma résilience ? Avec un tel exemple, je ne peux pas me plaindre ou baisser les bras

Et que vous dire sur mon père ?

C'est un entrepreneur incroyable qui est précurseur sur tous les marchés qui ont explosé ces dernières années. Il vendait des vêtements de seconde main aux gens du quartier avant même Vinted. Il faisait du covoiturage avec ses collègues avant BlaBlaCar. Il se rendait sur les marchés en fin de journée pour récupérer les légumes invendus dès 1970, avant Too Good To Go. Il cuisinait des encas énergétiques à base de pâte de dattes depuis 1960 (recette de sa mère) avant Feed. Il a fait des paris sur la réussite de ses enfants avant Betclic Group.Et tout cela sans savoir ni lire, ni écrire.

Il a décidé de suivre le chemin du salariat. Aujourd'hui, il vit ses ambitions à travers ses enfants.

Fatiha

Mes parents m'ont conditionnée à être une guerrière. Nous ne sommes pas du genre à nous plaindre dans la famille.

Je pense sincèrement que c'est ma jeunesse qui a fait de moi l'entrepreneur que je suis aujourd'hui.
J'ai été confrontée très tôt à des responsabilités. À 14 ans, pendant que mes copines faisaient du shopping, je m'occupais du suivi scolaire de mon petit frère et de trois de mes sœurs. J'aidais mon père à remplir tous les documents administratifs les plus complexes : impôts, Sécu, allocations familiales, assurance-maladie… Je faisais à manger, le ménage, j'aidais mon père à faire ses vidanges, j'aidais ma maman à faire les ménages dans les bureaux le soir… mais je devais aussi m'occuper de mes propres devoirs et j'allais au foot.

Plus j'ai grandi, plus j'ai assumé le rôle de mes parents qui se tuaient la santé à faire de plus en plus d'heures pour gérer financièrement leurs dix enfants. Leur priorité était de nous permettre à toutes et à tous de faire des études et ainsi nous élever socialement.

Le partage était au centre de notre éducation. Nous avons été dans des situations précaires et nous avons pu compter sur la générosité de notre entourage et des associations. C'est donc naturellement qu'aujourd'hui, j'ai envie de rendre à mon tour ce qui m'a été donné.

Je ne changerais rien à mon enfance, car mes parents ont fait de moi une femme forte, débrouillarde, travailleuse et qui sait apprécier à sa juste valeur les délices de la vie.

Ce sont eux qui, sans le savoir, m'ont préparée à être CEO de Pap et Pille et à y instiller toutes ces valeurs.

Merci Papa et Maman de m'avoir toujours poussée à me dépasser et à faire preuve de résilience. Mon père m'a toujours dit que la fatalité n'était pas une option car je devais montrer à mes frères et sœurs que tout est possible.
Que la difficulté est là pour nous faire apprécier la victoire.

J'espère que vous serez fiers lorsque je vous lirai ces mots.

Pap et Pille en quelques dates clés

2014-2017

- Voyage autour du monde à deux.

2019

- Création de Pap et Pille et vente de la maison pour financer le projet.
- Arrivée chez Super U, Intermarché, Carrefour Provencia et Leclerc.
- Pap et Pille élue « Innovation Franprix ».
- Gagnants du Start-up Contest.

2020

- Présence dans plus de 300 points de vente.
- Retour en blouse blanche pour aider lors de la crise sanitaire.
- Lancement de la boutique en ligne.
- Première levée de fonds de 300 000 €.
- Fatiha gagnante du trophée « Envie d'entreprendre ».

2021

- Rebranding de Pap et Pille.
- Personnel doublé.
- Agrandissement de l'unité de production.
- Arrivée chez Monoprix, Carrefour Île-de-France, Printemps Haussmann et Auchan.
- Vainqueurs du trophée PME RMC région Nord.

2022
- Participation à l'émission *Qui veut être mon associé ?*
- Rencontre du président de la République.
- Intégration dans 2 000 stations-services TotalEnergies.
- Intégration chez Casino groupe AMC.

2023
- Lancement de l'émission *Charabia*, saison 2.
- Lancement de la verticale formation en partenariat avec LegalPlace.
- Lancement du hackathon « Entrepreneur Académie ».

L'évolution de notre production

- 2019-2020 : entre 200 et 500 kg (soit 5 000 sachets) de biscuits par mois.
- 2020-2021 : 1 tonne (soit 10 000 sachets) de biscuits par mois (en tenant compte de l'arrêt dû au Covid-19).
- 2021-2022 : 4 à 5 tonnes (soit 40 000 à 50 000 sachets) de biscuits par mois.
- 2022-2023 : on devrait produire entre 8 et 15 tonnes (soit 80 000 à 150 000 sachets) de biscuits par mois. Cela devient une grosse production industrielle, et il faut réussir à franchir le gap entre l'artisanat et l'industrie.

L'évolution de notre CA

- 2019-2020 : 104 000 € de CA.
- 2020-2021 : 210 000 € de CA.
- 2021-2022 : 840 000 € de CA.
- 2022-2023 : on cherche à faire 1,5 million € de CA !

Dépôt légal : avril 2023 – N° éditeur : MAGSI20220832 - N° Imprimeur : 032374767
Achevé d'imprimer en avril 2023 en France par Présence Graphique - Monts
PEFC™ 10-31-2677
FABRIQUÉ EN FRANCE